चार पुरुषार्थ

आनंदित, सफल और उद्देश्यपूर्ण जीवन का मार्ग

चार पुरुषार्थ

आनंदित, सफल और उद्देश्यपूर्ण जीवन का मार्ग

हेक्टर गार्सिया और फ़्रांसेस्क मिरालेस

प्रस्तावना : शशि थरूर

अनुवाद : आशुतोष गर्ग

MANJUL

मंजुल पब्लिशिंग हाउस

First published in India by

MANJUL

Manjul Publishing House

Corporate and Editorial Office

• 2nd Floor, Usha Preet Complex, 42 Malviya Nagar, Bhopal 462 003 - India

Sales and Marketing Office

• C-16, Sector 3, Noida, Uttar Pradesh 201301, India

Website: www.manjulindia.com

Distribution Centres

Ahmedabad, Bengaluru, Chennai, Kochi, Kolkata,

Hyderabad, Mumbai, New Delhi, Pune

The Four Purusharthas: The Path to Happiness, Success and a Meaningful Life
by Héctor García and Francesc Miralles – Hindi edition

Originally published in Spain as Namasté: La vía india a la felicidad,
la realizacion y el éxito by Ediciones Urano, in 2022.

This Hindi edition first published in 2025

ISBN 978-93-7317-995-7

Translated by Ashutosh Garg

Printed and bound in India by Replika Press Private Limited.

विषय-सूची

III

आनंद का अभ्यास

अनिवार्य कल्याण के लिए भारत का व्यावहारिक ज्ञान

प्रस्तावना

जापानी अवधारणा पर दुनियाभर में सबसे ज़्यादा बिकने वाली एक किताब *'इकिगाई'* है, जिसका मोटे तौर पर अनुवाद 'जीवन का उद्देश्य' हो सकता है। उसके लेखकों ने ही यह अद्भुत किताब लिखी है, जो हिंदू जीवन शैली के प्रति इसी तरह का दृष्टिकोण प्रस्तुत करती है। यह समृद्ध हिंदू संस्कृति और आध्यात्मिकता के साथ-साथ योग, श्वास और ध्यान जैसी अनेक हिंदू प्रथाओं को भी रोचकता से व्यक्त करती है, जिससे आनंद के दस भारतीय सिद्धांतों की पहचान हो सके और हर कोई उन्हें सीखकर उनका पालन कर पाए।

लेकिन हिंदू होने का अर्थ क्या है? मेरा हिंदू धर्म वह आस्था है, जिसे मैंने जिया है। यह अनुभव और परवरिश पर आधारित हिंदू धर्म है, यह गहन धार्मिक अध्ययन पर नहीं अपितु, अवलोकन और वार्ता पर आधारित हिंदू धर्म है, (हालाँकि दोनों निस्संदेह, परस्पर अनन्य नहीं हैं)। मैं कुछ मंत्रों, कुछ भजनों के कुछ अंशों को सीखते हुए बड़ा हुआ, मुझे संस्कृत का कोई व्यावहारिक ज्ञान नहीं था। हिंदू धर्म के पवित्र ग्रंथों और उनके दर्शनों के विषय में मेरा ज्ञान पूरी तरह उनके अँग्रेज़ी अनुवाद पढ़ने से विकसित हुआ। (जब मैं मंदिर जाता था, तो मैं अँग्रेज़ी, संस्कृत और अपनी 'मातृभाषा' मलयालम के अजीब-से मिश्रण में प्रार्थना करता था,

क्योंकि मुझे इस बात पर भरोसा था कि भगवान सर्वज्ञ हैं, इसलिए वे स्वाभाविक रूप से बहुभाषी होंगे।)

हिंदू धर्म का वर्णन करने में पहली चुनौती, स्वाभाविक रूप से, उसकी परिभाषा से संबंधित है। *'हिंदू'* नाम अपने आप में धार्मिक मान्यताओं के समूह से कुछ कम और कुछ अधिक को दर्शाता है। कई भाषाओं में, जिनमें फ़्रेंच और फ़ारसी भी शामिल हैं, भारतीय शब्द के लिए हिंदू का प्रयोग किया गया है। मूल रूप से, *हिंदू* का आशय सिर्फ़ सिंधु नदी के पार रहने वाले लोगों से था, लेकिन सिंधु अब इस्लामिक पाकिस्तान में है और इससे भी बुरी बात यह है कि *हिंदू* शब्द, किसी भारतीय भाषा में उस समय तक मौजूद नहीं था, जब तक विदेशियों ने इसे इस्तेमाल नहीं किया और तभी से भारतीयों को आत्म-परिभाषा के लिए एक शब्द मिल गया। दूसरे शब्दों में, हिंदू स्वयं को एक ऐसे शब्द से पुकारते हैं, जो उनकी अपनी किसी भाषा का नहीं है, लेकिन जब दूसरों ने उन्हें वह शब्द दिया तो उन्होंने इसे सहर्ष अपना लिया। (निस्संदेह, कई हिंदू एक अलग शब्द पसंद करते हैं – *सनातन धर्म*।)

इस प्रकार, *हिंदू धर्म* वह नाम है, जिसे विदेशियों ने सबसे पहले भारत के स्वदेशी धर्म पर लागू किया था। इसमें सर्वेश्वरवाद से लेकर अज्ञेयवाद तक और पुनर्जन्म में आस्था से लेकर जाति व्यवस्था में भरोसे तक, अनेक सिद्धांतों और प्रथाओं की उदार शृंखला समाहित है, परंतु इनमें से कोई भी एक हिंदू के लिए अनिवार्य सिद्धांत नहीं है; ऐसा कोई सिद्धांत नहीं है। हमारे पास कोई अनिवार्य मत है ही नहीं।

यही कारण है कि उन अन्य धर्मों की तुलना में, जिन्हें मैं जानता हूँ, मैं हिंदू धर्म के सिद्धांतों के साथ अधिक सहज महसूस करता हूँ। मैं लंबे समय से न केवल राजनीतिक अर्थों में, बल्कि अर्थशास्त्र के सिद्धांतों के संदर्भ में और यहाँ तक कि जीवन के प्रति दृष्टिकोण में भी स्वयं को उदारवादी मानता आया हूँ। लोगों को उसी रूप में स्वीकार करना, जैसे

वे हैं, उन्हें वह बनने देना, जो वे बनना चाहते हैं और वह सब करने के लिए प्रोत्साहित करना, जो वे करना चाहते हैं (जब तक कि इससे दूसरों को नुक़सान न पहुँचे) मेरी स्वाभाविक प्रवृत्ति है। हिंदू धर्म भी यही सिखाता है। महान उपदेशक स्वामी विवेकानंद ने 1893 में शिकागो में विश्व धर्म संसद को संबोधित करते हुए भी यही कहा था, ''हमारा केवल सार्वभौमिक सहिष्णुता में ही विश्वास नहीं है अपितु, हम सब धर्मों को भी सत्य मानते हैं।'' उन्होंने एक ऐसे धर्म की बात की, जो न केवल सहिष्णुता, बल्कि स्वीकार्यता का भी उपदेश देता है। सहिष्णुता, निश्चित ही एक संरक्षणकारी गुण है; सहिष्णु व्यक्ति यह मानता है कि उसकी बात सत्य है, लेकिन वह उदारतापूर्वक दूसरों को ग़लत होने का अधिकार भी देने को तैयार रहता है। लेकिन स्वीकार्यता में निहित हिंदू व्यक्ति, हर प्रकार की आस्था में सत्य को देखता है: वह दूसरे के सत्य को स्वीकार करता है और केवल इतना ही चाहता है कि दूसरा भी उसके सत्य को स्वीकार करे। विवेकानंद प्राय: एक प्राचीन भजन, 'शिव महिमा स्तोत्र' का उल्लेख करते थे, जो कहता है कि जिस तरह अनेक नदियाँ, अलग-अलग स्थानों से निकलती हैं, अलग-अलग पहाड़ियों और घाटियों से नीचे बहती हैं, कुछ सीधी, कुछ टेढ़ी, लेकिन अंत में सभी एक समुद्र में जाकर मिल जाती हैं, उसी तरह सभी प्रकार की पूजा एक ही परमात्मा तक पहुँचती हैं।

चूँकि मैं एक हिंदू की तरह पला-बढ़ा हूँ, इसलिए मुझे कभी भी कठोर और निंदात्मक आस्थाएँ मेरे स्वभाव के अनुकूल नहीं लगीं। धर्म के मामले में भी, मैंने पाया कि मैं जिस आस्था के साथ बड़ा हुआ हूँ, उसने मेरी उदार प्रवृत्ति को और सुदृढ़ किया है। हिंदू धर्म कई मायनों में इस विचार पर आधारित है कि प्राचीन ज्ञान और ईश्वरत्व किसी एक पवित्र किताब तक सीमित नहीं हो सकता; हमारे पास कई पुस्तकें हैं, और हम अपने सत्य को खोजने के लिए प्रत्येक किताब को गहराई से जान सकते

हैं। बतौर हिंदू, मैं एक ऐसे धर्म का पालन करने का दावा कर सकता हूँ, जिसमें कोई स्थापित चर्च या पुरोहिती शामिल नहीं है। यह एक ऐसा धर्म है, जिसके रीति-रिवाजों और प्रथाओं को मैं अस्वीकार करने के लिए स्वतंत्र हूँ। यह एक ऐसा धर्म है, जो मुझे किसी भी दृश्य संकेत द्वारा किसी सामूहिकता में अपनी पहचान को समाहित करके, यहाँ तक कि किसी विशिष्ट दिन या समय या पूजा की आवृत्ति द्वारा भी अपने विश्वास को प्रदर्शित करने के लिए बाध्य नहीं करता। (कोई हिंदू पोप नहीं है, कोई हिंदू वेटिकन नहीं है, कोई हिंदू धर्मशिक्षा नहीं है, यहाँ तक कि कोई हिंदू रविवार भी नहीं है।) बतौर हिंदू, मैं एक ऐसे धर्म का पालन करता हूँ, जो पूजा करने वाले को प्रार्थना करने के लिए देवताओं, पालन करने (या न करने) के लिए अनुष्ठानों, सम्मान करने (या न करने) के लिए रीति-रिवाजों और प्रथाओं और व्रत रखने (या न रखने) के विविध विकल्प प्रदान करता है। मैं एक ऐसे संप्रदाय का अनुसरण करता हूँ, जो पवित्र शास्त्र के प्रतिबंधात्मक सिद्धांतों से मुक्त है, जो केवल एक पावन पवित्र रहस्योद्घाटन की सीमाओं में बँधने से इंकार करता है।

हिंदू धर्म, किसी तरह का झूठा दावा नहीं करता। सृष्टि पर आश्चर्य व्यक्त करने और साथ ही सृष्टिकर्ता की सर्वज्ञता के बारे में संदेह व्यक्त करने की इसकी क्षमता ही इसकी अनूठी विशेषता है। दोनों को पैंतीस सौ साल पुराने ऋग्वेद के एक श्लोक, 'नासदीय सूक्त' में बड़ी सुंदरता से व्यक्त किया गया है, जिसका अंत यादगार है :

कौन जानता है? और कौन बता सकता है?
यह सब कहाँ से आया? और सृष्टि कैसे बनी?
देवता भी सृष्टि के बाद में आए,
फिर कौन जानता है कि यह महान सृष्टि कहाँ से उत्पन्न हुई?
कौन जानता है कि इस सृष्टि की उत्पत्ति कहाँ से हुई होगी?

वह, जिसने चाहे इसे बनाया हो या नहीं,
वह, जो स्वर्ग से इसका निरीक्षण करता है,
वही जानता है या शायद वह भी नहीं जानता।

–ऋग्वेद *10.129*

''शायद वह भी नहीं जानता!'' मुझे ऐसा धर्म पसंद है, जो ब्रह्मांड के रचयिता के समान सर्वोच्च सत्ता के विषय में ऐसा मौलिक प्रश्न उठा सकता है। शायद वह सचमुच नहीं जानता। हम सामान्य मनुष्य उस ज्ञान का दावा करने वाले कौन होते हैं, जिसके बारे में वह भी निश्चित तौर पर नहीं जानता?

हिंदू विचारधारा, ईश्वर की अज्ञेयता को भी एक गुण मानती है। उपनिषदों में अद्भुत कहानी है, जिसमें एक ऋषि से ईश्वर की प्रकृति को परिभाषित करने को कहा जाता है, वह बुद्धिमान व्यक्ति , जो आमतौर पर बातूनी था, शांत हो जाता है। उसके शिष्य उस पर उत्तर देने के लिए दबाव डालते हैं, तो वह उत्तर देता है कि उसका मौन ही उत्तर है, क्योंकि परम तत्त्व मौन है। उस दैवी सत्य के रहस्य को शब्दों या वाणी में नहीं समेटा जा सकता। उसके लिए न तो विचार और न ही शब्द पर्याप्त हो सकते हैं; ''यह उन्हें समझ में नहीं आता, जो इसे समझते हैं,'' केन उपनिषद कहता है, ''यह उन्हें समझ में आता है, जो इसे नहीं समझते।'' उपनिषदों के अंतिम शब्द हैं – 'नेति, नेति' – 'यह नहीं, यह नहीं' – जो परम तत्त्व की अवर्णनीयता को दर्शाता है। कई ऋषियों के लिए, दिव्यता के प्रति उनकी चेतना, दूसरों के समझने योग्य नहीं होती, क्योंकि जिन्होंने वही बोध प्राप्त नहीं हुआ, वे इसे शब्द या संकेत के माध्यम से नहीं समझ सकते; यह ''वह है, जिसके बारे में कुछ भी कहा नहीं जा सकता।''

इक्कीसवीं सदी में, हिंदू धर्म के भीतर सार्वभौमिक धर्म की अनेक विशेषताएँ समाहित हैं। यह एक ऐसा धर्म है, जो व्यक्तिगत और

व्यक्तिपरक है, जो व्यक्ति को विशेषाधिकार देता है और किसी को समूह के अधीन करने पर बल नहीं देता। यह ऐसा धर्म है, जो विश्वासी व्यक्ति को जीवन के सच्चे अर्थ से जुड़े उत्तर खोजने की आज़ादी देता है और उसका सम्मान करता है। यह ऐसा धर्म है, जो धार्मिक व्यवहार में निराकार ईश्वर की प्रकृति और रूप के संबंध तक में अनेक विस्तृत विकल्प प्रदान करता है। यह ऐसा धर्म है, जो व्यक्ति के मस्तिष्क पर ज़ोर देता है तथा चिंतन, बौद्धिक विश्लेषण और आत्म-अध्ययन के लिए व्यक्ति की क्षमता को महत्त्व देता है। यह ऐसा धर्म है, जो ख़ुद को हठधर्मिता और शास्त्र से दूर रखता है, जो न्यूनतम निर्देश देता है और फिर भी चुनने के लिए विकल्पों, आध्यात्मिक और दार्शनिक ग्रंथों तथा सामाजिक एवं सांस्कृतिक प्रथाओं की प्रचुरता प्रदान करता है। ऐसी दुनिया में जहाँ सत्ता का प्रतिरोध बढ़ रहा है, हिंदू धर्म किसी तरह का आदेश नहीं थोपता। तंत्रबद्ध लोगों की दुनिया में, हिंदू धर्म कोई संस्थागत पदानुक्रम का प्रस्ताव नहीं करता। खुले स्रोत से सूचना साझा करने वाली दुनिया में, हिंदू धर्म सभी मार्गों को समान रूप से मान्यता प्रदान करता है। तेज़ी से परिवर्तित होती दुनिया में, हिंदू धर्म बहुत अनुकूलता लिए हुए और अत्यंत लचीला है। यही कारण है कि यह धर्म, अनेक सहस्राब्दियों से जीवित है।

सबसे बढ़कर, बतौर एक हिंदू, मैं संसार के ऐसे एकमात्र प्रमुख धर्म से संबंध रखता हूँ, जो यह दावा नहीं करता कि वही एकमात्र सच्चा धर्म है। मुझे यह बहुत अनुकूल लगता है कि मैं अन्य धर्मों के अपने साथियों का बिना इस विश्वास का बोझ लिए सामना कर सकता हूँ कि मैं 'सच्चे मार्ग' पर चल रहा हूँ, जो उनके लिए नहीं है। हिंदू धर्म इस बात पर ज़ोर देता है कि आस्था के सब तरीक़े समान रूप से मान्य हैं, और हिंदू धर्म के अनुयायी, अन्य धर्मों के संतों और पवित्र वस्तुओं का सम्मान करते हैं। मुझे गर्व है कि बिना यह महसूस किए कि मैं अपने धर्म के साथ विश्वासघात कर रहा हूँ, मैं अन्य धर्मों की पवित्रता का सम्मान कर सकता हूँ।

हेक्टर गार्सिया और फ़्रान्सेस्क मिरालेस ने इस किताब को इसी भावना के साथ लिखा है। उन्होंने इस असाधारण आस्था, इसकी आध्यात्मिक और सैद्धांतिक शाखाओं और पाँच हज़ार वर्षों से चली आ रही संस्कृति की सहायता से जीवन जीने के सिद्धांतों, प्रथाओं और पद्धतियों को पहचानने का अद्भुत कार्य किया है। मैं उनकी किताब की सराहना करता हूँ कि उन्होंने इसमें भारत की जटिल सांस्कृतिक और आध्यात्मिक परंपराओं को बड़ी सहजता से समझ कर जीने के ऐसे मार्गदर्शक सिद्धांत निकाले हैं, जो ऐसे सब लोगों के लिए लाभकारी हैं, जिनके दिमाग़ खुले हैं और जो प्राचीन ज्ञान से कुछ सीखने के इच्छुक हैं।

—शशि थरूर

आनंद का भूगोल

यह किताब, ज्ञान के उस स्रोत से अपना पोषण पाती है, जो मानव संस्कृति जितना ही प्राचीन है, तथा जिसमें वर्तमान के साथ-साथ उस भविष्य को भी आकार देने की कुंजियाँ निहित हैं, जिसका हम सब सपना देखते हैं।

हमने जब इस किताब को लिखने का फ़ैसला किया, तब तक हमारी किताबों का साठ से अधिक भाषाओं में अनुवाद हो चुका था और वे पूरी दुनिया में सबसे ज़्यादा बिकने वाली किताबों में शुमार हो गई थीं। *इकिगाई* का सबसे हाल का चरण भारत में चल रहा था, जहाँ हमारी किताब लगातार दो साल तक सबसे ज़्यादा बिकने वाली किताब रही। इसने हमें आध्यात्मिकता के उद्गम स्थल भारतीय उपमहाद्वीप की यात्रा करने, वहाँ अपनी बात कहने, उत्सवों में भाग लेने और साक्षात्कार देने के लिए प्रेरित किया।

इस यात्रा के दौरान मिले अनेक भले पाठक, यह बताने के अलावा कि उनके लिए हमारे काम का क्या महत्त्व है, अक्सर पूछते थे कि भारतीय ज्ञान से प्रेरित होकर हमने कोई किताब क्यों नहीं लिखी।

हर बार जब हम इसकी संभावना पर बात करते, तो यह हमें एक बहुत बड़ी, महत्त्वाकांक्षी और रोमांचक चुनौती लगती थी। भारत न केवल

युवा, सक्रिय और दूरदर्शी आबादी वाला देश है, अपितु यह इस ग्रह का सबसे बड़ा लोकतांत्रिक देश भी है। यह मानवता को आकार देने वाली सबसे पुरानी और महानतम आध्यात्मिक परंपराओं का आवास रह चुका है। इससे भी बड़ी बात यह है कि यदि हम इसके मूल स्रोत की ओर लौटें, तो इसके भीतर समूचे संसार को आनंद से भरने की क्षमता है।

भारत आने वाले पर्यटक एक ही स्थान पर इतनी सांस्कृतिक विविधता देखकर आश्चर्यचकित हो जाते हैं; रंग-बिरंगे हिंदू मंदिर, गोवा और केरल के चर्च, नई दिल्ली में स्थित भव्य मस्जिद और ताजमहल का इस्लामी मक़बरा। जीवन से सराबोर गलियों में, उन्हें जैन रहस्यवादी, ईसाई पादरी, पगड़ी पहने हुए सिख और देश-भर में घूमने वाले साधु मिलेंगे, जो मृत्यु की तैयारी में तीर्थयात्रा करते फिरते हैं।

ऐसा प्रतीत होता है कि पूरा विश्व, कम से कम जहाँ तक आध्यात्मिकता का प्रश्न है, यहीं स्थित है।

यदि हम अतीत में देखें, तो पाएँगे कि सिद्धार्थ गौतम ने उत्तर भारत में अपनी खोज शुरू की थी, जो बाद में बुद्ध बन गए। एक सहस्राब्दी पहले, हमें भारतीय साहित्य के सबसे प्राचीन ग्रंथ चार वेद मिलते हैं, जिन्होंने हिंदू धर्म को आकार दिया।

पश्चिमी जगत में प्रचलित अनेक जागरूकता संबंधी अभ्यास, जैसे योग और ध्यान, भारत में उत्पन्न हुए हैं। इसके अतिरिक्त कर्म जैसी अवधारणाओं और आयुर्वेद जैसी पैतृक चिकित्सा पद्धतियों का प्रादुर्भाव भी भारत में ही हुआ है।

भारत, संसार का भविष्य है। माइक्रोसॉफ़्ट और गूगल के मौजूदा सीईओ और अन्य बहुराष्ट्रीय कंपनियाँ, शानदार गणितज्ञों, प्रोग्रामर और इंजीनियरों से भरी इसी संस्कृति से आती हैं। उनकी सफलता का रहस्य क्या है?

हम आगामी पृष्ठों में इसे जानेंगे।

भारत में मौजूद अपार संपदा के भंडार से प्रभावित हुए बिना रहना कठिन है। हमारा लक्ष्य एक छोटी, नई और ज्ञानवर्धक किताब लिखना था, जो महामारी के कहर के बाद आधुनिक चुनौतियों का उत्तर दे सके।

आज हम जो प्रश्न स्वयं से पूछ रहे हैं, वही प्रश्न भारतीय रहस्यवादी पिछले पाँच हज़ार वर्षों से स्वयं से पूछते आ रहे हैं :

- हम दुखों को पीछे छोड़कर, एक संतुष्ट जीवन जीना कैसे आरंभ कर सकते हैं?
- हमारे पास अपनी भीतर सुप्त पड़ी रचनात्मक ऊर्जा को जागृत करने के क्या तरीक़े हैं?
- क्या हम अपने दैनिक जीवन में कर्म के नियम को अपने पक्ष में लागू कर सकते हैं?
- स्वयं को तनाव, चिंता और भय से मुक्त करने के सर्वोत्तम तरीक़े क्या हैं?
- हम अपने शरीर, मन और आत्मा की देखभाल कैसे कर सकते हैं और जीवन के अंत तक ऊर्जा से भरे हुए कैसे रह सकते हैं?

इन प्रश्नों तथा ऐसे कई और प्रश्नों के उपयोगी और व्यावहारिक उत्तर देने के लिए, हमने आनंद और व्यक्तिगत संतुष्टि की कला के क्षेत्र में मानवता के सर्वोत्तम शिक्षकों की ओर रुख किया है।

हज़ारों वर्ष पुराने विद्वानों से लेकर रमण महर्षि और जिड्डू कृष्णमूर्ति जैसी आधुनिक हस्तियों तक, भारत हमें प्रेरणा की निधि प्रदान करता रहा है, जो हमें जटिल समस्याओं से बाहर निकलने, अपनी क्षमताओं को विकसित करने और पूर्णतः जागरूक होने में सहायता करती है।

आगामी पृष्ठों में, आप आनंद के मार्ग की भारतीय पद्धति की खोज की यात्रा पर निकलेंगे। इसके अनंत मार्ग केवल हमारे जीवन को ही नहीं अपितु हमारे भविष्य को भी बदल सकते हैं।

जैसा कि हम इस किताब में देखेंगे कि हमारा आने वाला कल, हमारे आज के रीति-रिवाजों, दृष्टिकोणों और कार्यों का परिणाम है।

हमारा उद्देश्य अभी से सर्वोत्तम संभव भविष्य का निर्माण करना है। आपके लिए और उस दुनिया के लिए, जिसे आप बना रहे हैं।

–हेक्टर गार्सिया और फ्रान्सेस्क मिरालेस

I

आनंद की संस्कृति

भारत : मानवता का आध्यात्मिक कूप

पुरुषार्थ

आपको क्या लगता है कि जापानी संस्कृति की अवधारणा *इकिगाई* – आपके अस्तित्व का कारण – भारत में इतनी लोकप्रिय क्यों है? यह उन प्रश्नों में से एक प्रश्न है, जो दुनियाभर में हमसे सबसे ज़्यादा पूछे जाते हैं। हमारा अंतर्ज्ञान हमें बताता है कि जापानी जीवनशैली और भारतीय जीवनशैली में कुछ समानता अवश्य होनी चाहिए, इसलिए हमने इस प्रश्न का उत्तर यह कहकर दिया : ''भारतीय संस्कृति वह स्रोत है, जिससे बहुत समय पहले अनेक जापानी परंपराएँ निकली हैं। ऐसा प्रतीत होता है कि जापान और भारत दोनों जगह के लोग अपने जीवन के उद्देश्य को सबसे अधिक महत्त्वपूर्ण मानते हैं।''

लेकिन हम यह समझना चाहते थे कि एक अच्छा जीवन कैसे जिया जाए और इसमें किसी व्यक्ति के उद्देश्य की क्या भूमिका है, इसलिए हमने एक अधिक बेहतर और ठोस उत्तर की खोज की।

भारतीय संस्कृति पर दर्जनों पुस्तकें पढ़ने और भारतभर में भ्रमण करने के दौरान अपनी पिछली किताबों के हज़ारों पाठकों से बातचीत करने के बाद, हमें हिंदू धर्म की एक प्रमुख अवधारणा का पता चला : *पुरुषार्थ।*

इसका अनुवाद 'मनुष्य का उद्देश्य' या 'मनुष्य का लक्ष्य' हो सकता है।

पुरुषार्थ, संस्कृत शब्द है, जो दो भागों से मिलकर बना है:

पुरुष : 'आत्मा' या 'मनुष्य का अमूर्त सार'

अर्थ : 'उद्देश्य,' 'हेतु,' या 'लक्ष्य'

पुरुषार्थ के अनुरूप और एक संतुष्ट जीवन जीने के लिए, चार चीज़ें हैं - जिन्हें चार पुरुषार्थ कहा जाता है और जिन्हें हमें विकसित करने की आवश्यकता है,

- *काम* से आशय है, इंद्रियों के सुख और जीवन की सुंदर वस्तुओं का आनंद लेना। यह इच्छाओं, भावनाओं और प्रेम से भी सबंद्ध है।
    - आप स्वयं से पूछ सकते हैं, मुझे क्या करना पसंद है? मैं क्या चाहता हूँ?
- *धर्म*, एक ऐसा शब्द है, जिसके अनेक अर्थ हैं। सामान्य स्तर पर इसका अर्थ है, 'जिसके कारण ब्रह्मांड का अस्तित्व है', 'जीवन जीने का सही तरीक़ा' या 'सत्य की शाश्वत प्रकृति।' इसमें नैतिक मूल्य, कर्तव्य, अधिकार और सद्गुण शामिल हैं, जिनका पालन प्रत्येक व्यक्ति दुनिया में सद्भाव क़ायम रखने और अपने वास्तविक स्वरूप को महसूस करने के लिए करता है।
    - आप स्वयं से पूछ सकते हैं, संसार को मुझसे क्या चाहिए? मेरे होने का कारण क्या है?
- *अर्थ* वह है, जो जीवन को चलाने के लिए आपको चाहिए। इसका उद्देश्य आपके, आपके परिवार और आपके समुदाय के लिए समृद्धि लाना है। आधुनिक संदर्भ में यह आपकी नौकरी, आपके व्यवसाय, आपकी

वित्तीय सुरक्षा और सामान्य रूप से कहें, तो धन से संबंधित है।

- आप स्वयं से पूछ सकते हैं, मुझे अपना जीवन चलाने के लिए क्या चाहिए? क्या चीज़ है, जो मुझे और मेरे प्रियजनों को धनवान बना सकती है?

- *मोक्ष* का अर्थ है, आत्म-साक्षात्कार, मुक्ति और स्वतंत्रता। कुछ विचारधाराएँ कहती हैं कि मृत्यु और पुनर्जन्म से मुक्त होकर हम मोक्ष की अवस्था को प्राप्त कर लेते हैं। कुछ अन्य में इसका अर्थ केवल ऐसी अवस्था प्राप्त हो जाने से है, जहाँ आपको आत्म-साक्षात्कार की ओर अग्रसर होने की स्वतंत्रता मिल सके। आधुनिक संदर्भ में, यह अवधारणा, अब्राहम मास्लो के बताए आवश्यकताओं के पदानुक्रम के शीर्ष से संबंध रखती है। वास्तव में आप कौन हैं? यह सोचने की कोशिश कीजिए कि आप अपना नाम, अपनी नौकरी, अपनी पहचान बताने वाली चीज़ों, अपने देश आदि का उल्लेख किए बिना ख़ुद को कैसे परिभाषित करेंगे...
    - आप स्वयं से पूछ सकते हैं, मैं कौन हूँ? मैं सही अर्थों में कौन हूँ?

हमने इन चार पुरुषार्थों को भी इकिगाई की तरह ही वेन आरेख में व्यवस्थित किया और पाया कि पुरुषार्थ और इकिगाई में बहुत समानता है। यह कितना सुखद आश्चर्य है! सार्थक और उद्देश्यपूर्ण जीवन जीने के लिए आवश्यक ज्ञान एवं साधन, भारतीय उपमहाद्वीप के लोगों को बहुत लंबे समय से उपलब्ध हैं।

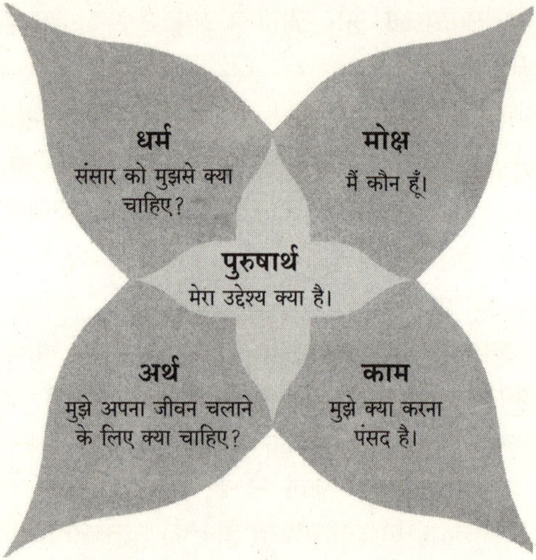

मैं जीवित क्यों हूँ? मुझे अपने जीवन में क्या करना चाहिए? मेरा उद्देश्य क्या है? इन प्रश्नों के उत्तर भारत के प्राचीन ग्रंथों, दार्शनिकों और परंपराओं के शाश्वत ज्ञान में खोजे जा सकते हैं।

हम भारत से और अधिक सीखना चाहते थे और जो हमने सीखा, उसे अपने पाठकों के साथ साझा करना चाहते थे। आप चाहे परलोक में विश्वास करते हों, या आप नास्तिक हों या आपका विश्वास एक ईश्वर में हो अथवा अनेक में, या फिर किसी विशेष धर्म में, किंतु ये उपदेश हम सब पर लागू होते हैं।

एक बात जिस पर हम सब मनुष्य सहमत होंगे, वह यह है :

इस समय, जब आप इन शब्दों को पढ़ रहे हैं, तो आप एक जीवित मनुष्य हैं। और जब तक आप जीवित हैं, आपका लक्ष्य यही होना चाहिए कि आप एक सार्थक जीवन जी पाएँ और अपने लोगों, अपने परिवार,

अपने दोस्तों, अपने समुदाय, अपने देश या क्षेत्र और पूरी दुनिया का जीवन भी सार्थक बना सकें।

संभव है कि आपको पहले से ही अपने जीवन का उद्देश्य पता हो अथवा हो सकता है कि वह अभी तक न भी पता हो। यदि आप पहले से ही अपना उद्देश्य जानते हैं, तो यह किताब आपके पुरुषार्थ के अनुसार जीवन जीने का एक ख़ाका प्रदान कर सकती है। यदि आप अभी तक अपना उद्देश्य नहीं जानते, तो यह आपको ख़ुद को बेहतर ढंग से समझने और अपने उद्देश्य की खोज करने की रोमांचक यात्रा आरंभ करने के उपकरण प्रदान कर सकती है।

विवेक के द्वार

अनुमान है कि इस ग्रह की कुल आबादी का लगभग 17 प्रतिशत हिस्सा भारत में निवास करता है। भारत संभवतः दुनिया में सबसे अधिक आबादी वाला देश बन चुका है या बनने वाला है। विभिन्न अध्ययनों के अनुसार, इक्कीसवीं सदी के शेष समय में भी यही स्थिति बनी रहेगी।

कई शताब्दियों तक भारतीय उपमहाद्वीप को हिंदुस्तान के नाम से जाना जाता रहा, जिसका यह नाम सिंधु नदी के नाम पर रखा गया था। यह स्थिति भारत के ब्रिटिश उपनिवेश बने रहने और राज का दौर आरंभ होने तक बनी रही। आज, इस हिंदुस्तान नाम का अपेक्षाकृत उपयोग कम हो गया है।

1947 में भारत के विभाजन के बाद से, यह विशाल क्षेत्र समय-समय पर अलग-अलग देशों में विभाजित होता गया; भूटान, बांग्लादेश, भारत, नेपाल, पाकिस्तान और श्रीलंका। हम इस किताब में कभी-कभी *भारतीय सभ्यता, हिंदुस्तान* और *भारतीय उपमहाद्वीप* शब्दों को उन क्षेत्रों के निवासियों के साझा अतीत के विभिन्न पहलुओं को दर्शाने के लिए समानार्थक शब्दों के रूप में उपयोग करेंगे, जिन्होंने अपनी संस्कृति और विचारों से न केवल एशिया के एक बड़े हिस्से को, बल्कि

ब्रिटिश भारतीय साम्राज्य का मानचित्र, जो *भारत के इंपीरियल गजेटियर* के 1909 संस्करण में प्रकाशित हुआ था, जिसमें सभी क्षेत्र मिलकर लगभग उस क्षेत्र के बराबर हैं, जिसे ऐतिहासिक रूप से हिंदुस्तान और आज भारतीय उपमहाद्वीप कहा जाता है।

आर्थिक शक्ति के संदर्भ में, यह समझना भी महत्त्वपूर्ण है कि भारत के लोगों ने पहली शताब्दी से सत्रहवीं शताब्दी तक विश्व का नेतृत्व किया। इन सत्रह शताब्दियों के दौरान, सकल घरेलू उत्पाद के संदर्भ में यह पूरा क्षेत्र, इस ग्रह पर सबसे बड़ी आर्थिक शक्ति था। कुछ अवधियों में तो वैश्विक अर्थव्यवस्था का 25 प्रतिशत से अधिक हिस्सा इसी क्षेत्र में केंद्रित रहा।

मध्यकालीन युग में जबकि अन्य प्रदेश सो रहे थे, भारत समृद्ध होता रहा।

सत्रहवीं से बीसवीं शताब्दी के बीच, भारत में आर्थिक स्तर पर काफ़ी गिरावट हुई। फिर भी सौभाग्य से, भारत में सकल घरेलू उत्पाद में उतनी ही प्रगति हुई, जितनी यहाँ के निवासियों के जीवन स्तर में, विशेषकर हाल के दशकों में। यह वर्तमान में दुनिया की पाँचवीं सबसे बड़ी अर्थव्यवस्था है, और यदि इसी दर से विकास जारी रहता है, तो इसमें कोई संदेह नहीं है कि अगले कुछ दशकों में भारत, इस ग्रह की तीन सबसे बड़ी अर्थव्यवस्थाओं में से एक बन जाएगा।

हिंदुस्तान की समृद्धि, सांस्कृतिक संपदा और इतिहास को अक्सर भुला क्यों दिया जाता है?

हमें पूरा विश्वास है कि भारत पुनः वैश्विक नेतृत्व की अपनी स्थिति में लौटेगा। यह किताब भारत की संस्कृति के रहस्यों को उजागर करने की दिशा में हमारा छोटा-सा योगदान है।

उन्नीसवीं सदी में, फ्रांसीसी लेखक विक्टर ह्यूगो ने लिखा था, "सेनाओं के आक्रमण का विरोध किया जा सकता है, लेकिन जिस विचार का समय आ चुका हो, उसका विरोध संभव नहीं है।" 1991 में, भारत के वित्त मंत्री मनमोहन सिंह, जो बाद में प्रधानमंत्री भी बने, ने ह्यूगो को उद्धृत करते हुए कहा था, "पूरी दुनिया को यह बात ज़ोर से और साफ़ तौर पर सुननी चाहिए। भारत अब पूरी तरह जाग गया है।"

यद्यपि भारत का भविष्य की व्यापारिक एवं तकनीकी शक्ति बनना निश्चित है, जैसा कि हम नाव नेतृत्व को समर्पित आगे के अध्याय में देखेंगे, यह सदैव आध्यात्मिक जगत का केंद्र रहा है।

सहस्राब्दियों से, इसके रहस्यवादी और विद्वान उन विषयों में अग्रणी रहे हैं, जिनका अध्ययन आधुनिक मनोविज्ञान के क्षेत्र में किया जाता है। ऐसे समय में जब दुनिया के अधिकांश हिस्सों में जीवन का अर्थ जीवित

रहने से अधिक कुछ नहीं था, भारतीय उपमहाद्वीप में चेतना जागृत हो चुकी थी।

वर्ष 327 ईसा पूर्व में, सिकंदर भारत आया। उसने आधुनिक पंजाब के रास्ते प्रवेश किया, परंतु भारत और पश्चिम के बीच संबंध अधिकांश लोगों की जानकारी से कहीं अधिक पुराने हैं। भारत, अनेक सहस्राब्दियों से धरती के बाक़ी हिस्सों में अपना प्रकाश बिखेरता रहा है।

क्या यीशु की मृत्यु कश्मीर में हुई थी?

पूर्व-पश्चिम के आध्यात्मिक संबंधों के बारे में सबसे दिलचस्प षड्यंत्रकारी सिद्धांतों में एक किंवदंती शामिल है, जिसे एंड्रियास फ़ेबर कैसर ने अपनी किताब *जीसस डाइड इन कश्मीर : जीसस, मोसेस ऐंड द टेन लॉस्ट ट्राइब्स ऑफ़ इजरायल*, में लिखा है कि नासरत के जीसस की मृत्यु, क्रॉस पर नहीं हुई थी, अपितु उनके घाव ठीक हो जाने के बाद उन्हें मुक्त कर दिया गया और वे इजराइल की विलुप्त जनजातियों के मार्ग का अनुसरण करते हुए पूर्व की तीर्थयात्रा पर निकल पड़े थे और वृद्ध होने तक भारत में ही रहे।

जम्मू और कश्मीर की ग्रीष्मकालीन राजधानी श्रीनगर में, एक तीर्थयात्री की क़ब्र मौजूद है, जिसे 100 वर्ष के आस-पास दफ़नाया गया था। उस समय के विवरणों के अनुसार, वह तीर्थयात्री सफ़ेद अंगरखा पहनता था तथा उसके हाथों एवं पैरों पर घाव भी थे तथा वह मरजान नामक एक महिला के साथ आया था, जो संभवतः मैरी मैग्डलीन थी।

आधुनिक विश्व के लिए पाँच गुरु और पाँच विचार

आनंद की कला की दिशा में हमारा मार्गदर्शन करने वाले भारतीय अध्यात्म के ठोस पहलुओं पर चर्चा करने से पूर्व, इस अध्याय में हम कुछ ऐसे गुरुओं और विचारों का संक्षिप्त परिचय देंगे, जो आज भी प्रासंगिक हैं।

1. **पार्श्व : "हर जीवित वस्तु में आत्मा होती है।"** आठवीं शताब्दी ईसा पूर्व के दौरान, पश्चिम में अल्पज्ञात, यह पैगंबर जैन धर्म के प्रचारक थे - जो वैदिक ग्रंथों के बाद सबसे पुराना भारतीय धर्म है और जिसके आज छह मिलियन से अधिक अनुयायी हैं। बुद्ध की तरह, राजाओं के पुत्र ने कहा कि जीवन की जैसी पवित्रता अन्यत्र कहीं नहीं है, जो हर वस्तु में व्याप्त है। इसलिए कई जैन अनुयायी, फ़र्श को साफ़ करते और मास्क पहनते हैं, ताकि कीड़ों पर उनका पैर न पड़े या वे उन्हें भूल से निगल न जाएँ। अहिंसा की अवधारणा, जिसका गाँधी ने भारत को आज़ाद कराने के अपने अभियान में पूर्ण पालन किया, इसी धर्म पर आधारित है।
2. **बुद्ध : "पीड़ा से नहीं बचा जा सकता, किंतु कष्ट सहना वैकल्पिक है।"** यह राजकुमार सिद्धार्थ गौतम की सबसे प्रसिद्ध अंतर्दृष्टि मानी जा सकती है, जिन्होंने छठी और पाँचवीं शताब्दी ईसा पूर्व में मानवीय पीड़ा का समाधान खोजने का बीड़ा उठाया था। हमारे साथ घटित होने वाला सुख और दुख, एक बात है, परंतु उनके विषय में हमारी सोच या वास्तविकता के प्रति हमारी प्रतिक्रिया, अलग चीज़ है। मनुष्य की स्वतंत्रता की कुंजी इसी में निहित है।

3. **महावीर : ''यदि आपको मार्ग पता है, तो आप मंज़िल को भी जानते हैं, क्योंकि मंज़िल अंत में नहीं है। हर पल और हर क़दम पर मंज़िल है। वह वर्तमान क्षण के प्रति जागरूकता में निहित है।''** पाँचवीं शताब्दी ईसा पूर्व के पार्श्व गुरु के आध्यात्मिक उत्तराधिकारी की यह अंतर्दृष्टि हालिया प्रतीत होती है। महावीर, अपने गुरु की भाँति महल में पैदा हुए थे। वह घुमक्कड़ थे और उनके शब्द एकहार्ट टॉले की द *पावर ऑफ़ नाउ* से लिए हुए लगते हैं। अंतर केवल इतना है कि ये शब्द ढाई सहस्राब्दी पूर्व कहे गए थे। महावीर ने इस बात पर ज़ोर दिया था कि आध्यात्मिक मार्ग का कोई नक़्शा बना हुआ नहीं है, बल्कि यह अदृश्य है, इसलिए आपकी ओर से इस पर कोई अन्य व्यक्ति नहीं चल सकता।

4. **पतंजलि : ''जब आप किसी महान उद्देश्य, किसी असाधारण परियोजना से प्रेरित होते हैं, तो आपके सब विचार बंधनमुक्त हो जाते हैं; आपका मन सीमाओं से परे चला जाता है, आपकी चेतना हर एक दिशा में फैल जाती है और आप ख़ुद को एक नए, श्रेष्ठ और अद्भुत संसार में उपस्थित पाते हैं। सुप्त शक्तियाँ, क्षमताएँ और प्रतिभाएँ जीवंत हो जाती हैं और आप पाते हैं कि आप अपने स्वप्न में की गई कल्पना से भी कहीं अधिक महान बन चुके हैं।''** हम दूसरी या तीसरी शताब्दी में पहुँच गए हैं, जिस समय माना जाता है कि योग सूत्र - संस्कृत में लिखे गए योग के दार्शनिक आधार ग्रंथ - के रचयिता जीवित थे। अपने उज्ज्वल अतीत से प्रेरित होकर वे अनिवार्य मानवीय

उद्देश्य और लक्ष्यों (पुरुषार्थ) की बात करते हैं और यहाँ तक कि मिहली सिक्सज़ेंट मिहाली द्वारा प्रचलित किए गए प्रवाह के सिद्धांत का भी सटीक वर्णन करते हैं।

5. **रामकृष्ण : "कस्तूरी मृग अपने ही भीतर से आने वाली सुगंध के स्रोत की खोज में पूरी दुनिया में भटकता रहता है।"** हम अपने किसी अत्यंत निकट के प्रतीक के साथ समाप्त होंगे। 1836 में जन्मे और पचास साल बाद दिवंगत हुए श्री रामकृष्ण शायद आधुनिक गुरुओं में सबसे आगे थे। एक अख़बार में छपे लेख की बदौलत वे पूरे कलकत्ता में विख्यात हो गए, जहाँ उनकी मुलाक़ात युवा कवि रवींद्रनाथ टैगोर से हुई। उनका मानना था, यदि आप अंतिम सत्य को समझने के लिए तैयार हैं, तो सभी प्रकार के विश्वास और धर्म, ईश्वर की ओर ले जाते हैं।

इनमें से प्रत्येक गुरु भविष्य के द्वार का प्रतिनिधि है, क्योंकि उन्होंने चेतना से जुड़े उन प्रश्नों का पूर्वानुमान लगा लिया था, जो आज व्यक्तिगत विकास की नींव हैं।

अंधे लोग और हाथी

यह भारतीय संस्कृति के सबसे पुराने दार्शनिक दृष्टांतों में से एक है। इसके अनेक संस्करण लिखे गए, जिनमें से सबसे प्रसिद्ध, रामकृष्ण और कवि जॉन गॉडफ्रे सैक्स के हैं। यह हमारा अपना संस्करण है।

एक छोटे से गाँव में एक हाथी आया और चार अंधे लोग उसे देखने के लिए एकत्र हुए। पहले आदमी ने हाथी की सूँड को छुआ और डरते हुए बोला, "यह बहुत बड़ा साँप है!" लेकिन यह सुनकर भी दूसरे लोगों

का हौसला नहीं टूटा और उन्होंने हाथी के अन्य अंगों को छूने का साहस कर लिया। ''यह कोई पशु नहीं है। यह निश्चित रूप से वृक्ष का तना है,'' दूसरे अंधे ने हाथी के एक पैर को छूते हुए कहा। तीसरे अंधे ने हाथी का एक कान सहलाया और कहा, ''तुम ग़लत कहते हो – यह पंखा है।'' आख़िर में, चौथे अंधे व्यक्ति ने हाथी के दाँत की चिकनी बनावट को महसूस करते हुए घोषणा की, ''मैं जिसे छू रहा हूँ, वह भाले की तरह सख़्त और चिकना है।''

गाँव के एक आदमी ने, जो देख सकता था, अंधों के बीच की असहमति को सुलझाने के उद्देश्य से उन्हें समझाया; ''आप सभी कुछ हद तक सही कह रहे हैं, लेकिन आपने सत्य के केवल कुछ ही हिस्सों का वर्णन किया है, लेकिन आप यह नहीं समझ पाए हैं कि जब ये हिस्से साथ में मिलते हैं, तो उनसे क्या बनता है। यह हाथी, न साँप है, न ही पेड़, न पंखा और न ही भाला। यह एक पशु है, जिसकी सूँड, दाँत और बड़े-बड़े कान और पैर हैं। हम सब लोग किसी न किसी दृष्टिकोण से नेत्रहीन हैं। हम इससे जीवन का सबक़ ले सकते हैं; यदि हम सत्य को जानना चाहते हैं, तो हमें केवल अपना मत प्रस्तुत करने के बजाय ख़ुले दिमाग़ से बातचीत करनी चाहिए।''

इस पारंपरिक कथा में, किसी भी नेत्रहीन व्यक्ति ने हाथी को नहीं देखा है, फिर भी वे अपने-अपने विचार व्यक्त करने का साहस करते हैं और आश्वस्त भी हैं कि उनका दृष्टिकोण सही है। इस कहानी का संदेश यह है कि हम किसी बात पर कितने भी आश्वस्त क्यों न हों, दूसरे लोग जो उसके विपरीत को सत्य मानते हैं, वे भी आश्वस्त होंगे कि वे सही हैं। सत्य किसी का नहीं होता।

विज्ञान, सत्य और जीवन

वैज्ञानिक जगत में, इस दृष्टांत से मिलती-जुलती उपमाओं को स्थूल आँखों से देखे गए कथित सत्यों और किसी एक क्षेत्र के विशेषज्ञों के तरीक़ों की जाँच करने के लिए प्रयोग किया जाता है।

उदाहरण के लिए, 1932 में भौतिकी के नोबेल पुरस्कार विजेता और क्वांटम यांत्रिकी के अग्रदूत कहे जाने वाले वर्नर हाइज़ेनबर्ग ने चेतावनी दी थी, ''मापने वाला उपकरण, पर्यवेक्षक ने बनाया है और हमें याद रखना होगा कि हम जो देखते हैं, वह अपने आप प्रकृति नहीं है, अपितु प्रकृति का वह रूप है, जो हमारे प्रश्न पूछने के तरीक़े से प्रकट होता है।''

आम तौर पर जब किसी वैज्ञानिक अवधारणा का सामना बाधाओं से होता है, तो वैज्ञानिकों के विभिन्न समूह अलग-अलग परिकल्पनाएँ प्रस्तुत करते हैं, किंतु कोई यह सिद्ध नहीं कर पाता कि उनमें से कौन-सी बात सही है। जो लोग महान और बड़े योगदान देने में सक्षम हैं और विज्ञान के इतिहास का हिस्सा बन जाते हैं, वे विभिन्न परिकल्पनाओं को एक सिद्धांत में एकीकृत कर देते हैं, जिससे उनके बीच विरोधाभास समाप्त हो जाता है।

विज्ञान से परे, हाथी के दृष्टांत को निम्नलिखित तीन तरीक़ों से जीवन में लागू किया जा सकता है।

सत्य का मार्ग

- सत्य तक पहुँचने के लिए, हम किसी एक राय पर भरोसा नहीं कर सकते, यहाँ तक कि अपनी राय पर भी नहीं। हमें स्वयं को संभावनाओं के व्यापक दायरे के लिए तैयार तथा विरोधाभासी दृष्टिकोणों का संयोजन करना होगा।
- यदि हम दूसरों की राय के प्रति अपने मस्तिष्क को खुला रखें, उनके ज्ञान का लाभ उठाएँ, तो हम अपने सत्य की अवधारणा को और व्यापक बना सकते हैं।

संचार और सहयोग

- हमें यह नहीं मान लेना चाहिए कि दूसरे लोग ग़लत हैं। इसके बजाय यह मानना बेहतर है कि उनके दृष्टिकोण से हम ही ग़लत हैं।
- जैसा कि द *फ़ोर एग्रीमेंट्स* के लेखक डॉन मिगुएल रुइज़ कहते हैं, यह मत समझिए कि दूसरों की मंशा ख़राब है।
- दूसरों के साथ संवाद करने से हमारा दृष्टिकोण अधिक संपूर्ण, अधिक वैश्विक होता है।

अंश एवं पूर्णता

- किसी बात को जानने का अर्थ यह नहीं होता कि हम उसे पूरी तरह समझते भी हैं। हम प्राय: उन चार नेत्रहीन लोगों की तरह सत्य से केवल आंशिक रूप से परिचित होते हैं।
- किसी समस्या के जितने अधिक अंशों और दृष्टिकोणों को हम समझेंगे, उसे हल करने में हमें उतनी ही आसानी होगी।

हम इस बात का अंत एक प्रसिद्ध उद्धरण से करेंगे, जो इस कहावत को पुष्ट करता है; ''कोई भी चीज़ संपूर्णता में अपने सभी भागों के योग से बड़ी होती है।''

तोरी और तोरण

संकुचित विचारधारा वाले लोगों का ध्यान केवल दो संस्कृतियों के अंतर पर केंद्रित रहता है और वही लोग, 'फलाँ जैसा कोई और नहीं है' जैसे घिसे-पिटे वाक्यांशों का इस्तेमाल करते हैं, परंतु दिलचस्प यह जानना है कि हमें कौन-सी चीज़ एकजुट करती है। आख़िरकार, हम सभी मनुष्य हैं, जो एक तारे के चारों ओर घूम रही इस विशाल चट्टान पर एक साथ रहते हैं।

अपने दिमाग़ को खोलने और हाथी के केवल एक अंग तक सीमित न रहने का सबसे अच्छा तरीक़ा है, यात्रा करना। दरअसल, आप जो किताब पढ़ रहे हैं, उसकी उत्पत्ति, हमारी पिछली किताबों की तरह, हमारी एशिया यात्राओं से हुई है।

यात्रा से करने विनम्रता विकसित होती है। इससे आपको यह एहसास होता है कि आप जिस जगह रहते हैं, केवल वहीं के रीति-रिवाज़ और परंपराएँ सबसे अच्छी नहीं हैं, और न ही ऐसा ही कि उनके अतिरिक्त कोई अन्य परंपरा ही मौजूद नहीं है।

उदाहरण के लिए, जापान के प्रतीकों में से एक तोरी द्वार हैं। ये पतली संरचनाएँ, पावन भूमि के प्रवेश द्वार को दर्शाती हैं। इतिहासकारों ने पुष्टि की है कि संसार का सबसे प्राचीन तोरी द्वार 992 ईसा पूर्व में ओसाका के एक मंदिर में बनाया गया था।

जापान में अठारह साल रहने के बाद, हेक्टर का मानना था कि तोरी, जापानी संस्कृति की अनूठी विशेषता है, परंतु जब हम 2019 के अंत में भारत आए, तो हमें पता चला कि इस जापानी तोरी से बहुत पहले भारत में तोरण नाम के ऐसे ही द्वार मौजूद थे।

दोनों शब्दों का आरंभ तोर - से होता है। इसके अलावा, जापानी मंदिरों के प्रवेश द्वार पर बना तोरी, और भारत में पाए जाने वाले तोरण की संरचना में एक जैसी सादगी है। वे आम तौर पर ज़मीन में गाड़े गए दो खंभों और एक या कई अनुप्रस्थ बीम से बने होते हैं, जो चाप की आकृति में दोनों खंभों को जोड़ते हैं।

जापानी में तोरी (鳥居) का अर्थ है, 'वह स्थान, जहाँ पक्षी बैठते हैं।' शिंटो धर्म में, पक्षियों को देवताओं का दूत माना गया है।

संस्कृत में तोरण (तोरण) का अर्थ है, 'चाप'।

तोरी

तोरण

तोरी और तोरण दोनों, पवित्र स्थान के प्रवेश द्वार को दर्शाते हैं। ये दोनों संरचनाएँ, सांसारिकता से पवित्रता और पवित्रता से सांसारिकता के बीच पारगमन के महत्त्व को इंगित करती हैं।

क्या यह संभव है कि जापानी तोरी, भारतीय तोरण से प्रेरित हो? इतिहासकार अब भी इस पर बहस करते हैं, किंतु सभी संकेत, इस प्रभाव को स्पष्ट तौर पर दर्शाते हैं।

यह बात उन बहुत-सी बातों में से एक है, हमने देखा कि भारतीय संस्कृति, हमारी कल्पना से कहीं अधिक प्रभुत्वशाली है।

यात्रा की रस-विद्या

यात्रा, हमारे दृष्टिकोण को व्यापक बनाने में सहयोग देती है, जिससे हमें अन्य बातों के साथ-साथ यह भी एहसास होता है कि जिसे हम 'अपना' मानते हैं, वह वास्तव में हमारा नहीं है। लगभग हर चीज़, दुनियाभर की संस्कृतियों और लोगों के बीच हुए विकास और मिश्रण का परिणाम है।

जो मछली कभी झील की सतह से ऊपर ही नहीं आई, उसे पता ही नहीं होता कि वह दरअसल, कहाँ है। यदि हम सदा अपनी ही संस्कृति में डूबे रहेंगे, तो हमारे लिए उसे समझना कठिन है।

यात्रा का उद्देश्य, केवल अपने गंतव्य पर पहुँचना और तसवीरें लेना नहीं है। सच्ची यात्रा, एक परिवर्तनशील अनुभव है। इस तरह की यात्रा के बाद, हम घर लौटते तक बदल चुके होते हैं। हमने अपने दिमाग़ में नया सॉफ़्टवेयर इंस्टॉल कर लिया होता है, जो दूसरों के प्रति अधिक सहानुभूतिपूर्ण बनने और जीवन को अधिक वैश्विक एवं मानवीय दृष्टिकोण से जीने में हमारी सहायता कर सकता है।

आध्यात्मिकता का भी यही उद्देश्य है, हमारे मस्तिष्क की क्षमता का संवर्द्धन करना।

अंत में, जीवन एक यात्रा है। अपने दिमाग़ में कोई निश्चित गंतव्य निर्धारित करने का कोई अर्थ नहीं है। इससे कहीं बेहतर है कि हम इस यात्रा के दौरान यह जानने का प्रयास करें कि हम कौन हैं।

आध्यात्मिक यात्री के लिए नियम

1. केवल मानचित्र पर झंडा लगाने और यह कहने के लिए यात्रा करने से बचें कि ''मैं यहाँ आया था।''
2. पूर्वाग्रहों और पूर्वकल्पित विचारों को भूल जाएँ। आलोचना न करें, अपितु आगे बढ़ते हुए सीखते जाएँ।
3. 'अवश्य देखने योग्य' जैसे वाक्यांशों से प्रेरित होकर हर कहीं न जाएँ। स्वयं को उन स्थानों पर भी जाने की छूट दें, जो नक़्शे पर दिखाई नहीं पड़ते।
4. देखिए, सुनिए, सूँघिए, चखिए, स्पर्श कीजिए... महसूस कीजिए!
5. स्थानीय लोगों, जैसा जीवन अनुभव करने के लिए उनके साथ घुल-मिल कर रहिए।
6. खो जाना, किसी महानतम खोज का तरीक़ा बन सकता है।
7. किसी स्थान की आत्मा, उसके स्मारकों में नहीं, अपितु वहाँ के लोगों में बसती है।
8. शब्दों के साथ यात्रा करें, उन जगहों के बारे में किताबें पढ़िए, जिन्हें आप देखना चाहते हैं। यात्रा का आनंद, उसकी तैयारी से शुरू होता है।

9. हमेशा एक नोटबुक और कुछ लिखने के लिए साथ रखिए। संभव है कि आपका अगला रोमांचक अनुभव आपको नई किताब लिखने के लिए प्रेरित कर दे।
10. स्थानीय भाषा के कुछ शब्द सीखिए। भले ही वे केवल एक दर्जन शब्द ही क्यों न हों। यह स्थानीय लोगों के प्रति सम्मान का प्रतीक है और उनसे जुड़ने में यह आपकी मदद करेगा।

निम्नलिखित उद्धरण का श्रेय, कभी-कभी पैगंबर मोहम्मद को दिया जाता है; ''मुझे यह मत बताओ कि तुमने क्या पढ़ा है, मुझे बताओ कि तुमने यात्राएँ कितनी की हैं।'' जहाँ तक यात्रा की कला का प्रश्न है, निस्संदेह, भारत इसके लिए सबसे अच्छा विश्वविद्यालय है।

मार्गदर्शन और बदलाव की तलाश में अनगिनत पश्चिमी बुद्धिजीवी, दुनिया के इस भाग में आ चुके हैं। स्वयं मार्टिन लूथर किंग ने कहा था, ''मैं अन्य देशों में पर्यटक बनकर जा सकता हूँ, किंतु मैं भारत में तीर्थयात्री बनकर आता हूँ।''

आइए, अपनी तीर्थयात्रा जारी रखें!

साधु बनने का मार्ग

यदि यात्रियों और तीर्थयात्रियों की बात हो, तो हिंदू धर्म के अनुसार धरती पर सबसे पवित्र माने जाने वाले साधुओं पर एक अध्याय तो अनिवार्य है। आध्यात्मिक स्पष्टता के मार्ग में त्याग पर आधारित जीवन जीने की उनकी पद्धति, पश्चिमी दृष्टिकोण से जितनी असाधारण है, उतनी ही आश्चर्यजनक भी है।

साधुओं का लक्ष्य स्पष्ट होता है; अपने प्रयासों को चौथे पुरुषार्थ (मोक्ष) पर केंद्रित करना, ताकि वे कर्मों का शुद्धिकरण करके आत्मज्ञान प्राप्त कर सकें और सांसारिक चक्र, यानी निरंतर पुनर्जन्म के क्रम से बच सकें।

ज्ञान प्राप्ति के लिए – *साधु* का शाब्दिक अर्थ है, 'अच्छा, सदाचारी, निष्ठावान, पवित्र व्यक्ति' – उन्हें स्वयं को पूरी तरह से प्रलोभन और सांसारिक इच्छाओं से मुक्त करना होगा, जिसके लिए उन्हें अपनी समस्त संपत्ति एवं भावनात्मक बंधनों का त्याग करना पड़ता है।

इस तरह का जीवन बहुत सीमित प्रतीत होता है, किंतु यह हमारी सर्वोच्च आंतरिक संपदाओं में से एक है – साधुओं की आजीवन चलने वाली तीर्थयात्रा उन्हें गहन आत्म-ज्ञान प्रदान करती है। धार्मिक गुरु स्वामी विवेकानंद के शब्दों में, "जो स्वयं पर विश्वास नहीं करता, वह ईश्वर पर कभी विश्वास नहीं कर सकता।"

जीवन के चार चरण

भारत और नेपाल दोनों जगहों पर हम, मंदिर के पास या किसी वृक्ष के नीचे या किसी गुफ़ा में बैठे साधुओं को देख सकते हैं, जो श्वेत अथवा भगवा वस्त्र धारण किए होते हैं। इनमें कुछ लगभग या पूर्ण रूप से नग्न रहते हैं। उनके पास पानी पीने या भिक्षा माँगने के लिए केवल एक कटोरा होता है और साथ में एक छोटा-सा बंडल होता है, जिसमें वे पवित्र ग्रंथ और कुछ ऐसी वस्तुएँ रखते हैं, जो उन्हें साधुओं के एक विशिष्ट संप्रदाय के सदस्य के रूप में पहचान दिलाती हैं। उन्हें चेहरे पर रंग या भस्म पुती रहती है और उन्हें उलझी हुई *जटाएँ* तथा घनी सफ़ेद दाढ़ी में देखना आम बात है।

लोग, साधुओं को घुमक्कड़ समझते हैं, परंतु भारत में उन्हें बहुत सम्मान दिया जाता है, क्योंकि उनकी प्रार्थना और आशीर्वाद का महत्त्व है तथा उनके पास लोगों को बुरी नज़र से बचाने से लेकर हवा में उड़ने तक जैसी अनेक विशिष्ट शक्तियाँ प्राप्त होती हैं।

वे दान में मिले भोजन एवं धन पर जीवित रहते हैं तथा अपने ध्यान, हस्तरेखा विज्ञान, भविष्य कथन, ताबीज़, प्राकृतिक औषधियों और गीतों के रूप में आध्यात्मिक साँत्वना और मार्गदर्शन भी प्रदान कर सकते हैं।

अधिकतर साधु, सात पवित्र स्थानों (सप्त पुरी, इनमें सबसे प्रसिद्ध वाराणसी या बनारस शहर है) में भ्रमण करते हैं, ताकि उनकी गति अवरुद्ध न हो जाए। अन्य साधु, स्थावर क़िस्म के हैं, जो मठों में अपने धार्मिक समूह के साथ ही रहते हैं।

इनमें से अनेक शाश्वत तीर्थयात्री पहले काफ़ी धनाढ्य थे, फिर उन्होंने साधु बनकर तपस्वी जीवन जीने का फ़ैसला कैसे किया?

अनुमान है कि चालीस से पचास लाख भारतीय, देवत्व के मार्ग पर चल रहे हैं। उनमें से लगभग 10 प्रतिशत महिलाएँ हैं, जिन्हें *साध्वी* या

आर्यिका कहा जाता है। वे शिव की भक्त हो सकती हैं और उन्हें शैव कहा जाता है। वे अपने मस्तक के मध्य में यू (U) और एक बिंदु बनाते हैं, या फिर वे विष्णु की उपासक हो सकते हैं, उन्हें वैष्णव कहा जाता है। वे अपने चेहरे पर एक ही स्थान पर तीन खड़ी रेखाएँ बनाते हैं। साधुओं के लिए देवी शक्ति भी पूजनीय हो सकती है।

परंतु तिब्बत में कैलाश पर्वत पर शिव का निवास है और वही साधुओं एवं साध्वियों द्वारा सबसे अधिक पूजे जाते हैं।

देवताओं से प्रवाहित होने वाले ज्ञान को प्राप्त करने के लिए, हिंदू परंपरा कहती है कि जीवन के चार चरण होते हैं;

1. *ब्रह्मचर्य,* अर्थात बचपन तथा किशोरावस्था में अध्ययन और तैयारी।
2. *गृहस्थ,* अर्थात वयस्क होने पर परिवार का आरंभ एवं उसका पालन-पोषण।
3. *वानप्रस्थ,* अर्थात पारिवारिक दायित्व पूर्ण हो जाने पर तीर्थयात्रा।
4. *संन्यास,* अर्थात सच्चे अर्थ की खोज, जिसके लिए आध्यात्मिक स्तर की ओर अग्रसर होने के वास्ते सांसारिक और भौतिक वस्तुओं से संबंध विच्छेद करना शामिल है।

साध्वियाँ, विधवा होने के बाद चौथे चरण की ओर बढ़ सकती हैं। भारतीय समाज में विधवाओं को दृष्टि से दूर रखा जाता था और तिरस्कृत समझा जाता था। आज वे त्याग या *साधना* के पावन मार्ग पर चल सकती हैं। पहले केवल ब्राह्मण जाति के सदस्य ही साधु बनते थे, किंतु अब हर सामाजिक पृष्ठभूमि और शिक्षा स्तर के लोग साधु बनने लगे हैं। वे सब

किसी भी तरह की आसक्ति को पूरी तरह त्यागने तथा स्वामी शिवानंद की शिक्षाओं के अनुसार, बिना कोई आनंद की इच्छा लिए जीवन जीने के लिए प्रतिबद्ध होते हैं।

आकाश छूना

आधुनिक समय के सबसे प्रसिद्ध साधुओं में अमर भारती शामिल हैं, जिन्होंने 1970 के दशक के आरंभ में शिव को प्रसन्न करने के लिए अपनी पत्नी और तीन बच्चों के साथ सुविधाजनक जीवन का त्याग कर दिया था। उन्होंने केवल एक चीज़ के साथ तपस्या के मार्ग पर क़दम रखा : एक त्रिशूल, जिसे हिंदू धर्म में भगवान शिव, मनुष्य की अज्ञानता को नष्ट करने के लिए उपयोग करते हैं।

अनेक वर्षों तक भिक्षावृत्ति करने के बावजूद भारती को यह महसूस नहीं हुआ कि उन्होंने शिव को प्रसन्न कर लिया था, इसलिए उन्होंने शांति की याचना करते हुए स्वर्ग की ओर हाथ बढ़ाने का निर्णय लिया।

लगभग पचास वर्षों तक, उन्होंने अपना हाथ ऐसे उठाकर रखा, मानो आकाश को छू रहे हों तथा पीड़ा, हड्डियों में कैलशियम का संग्रहण तथा मांसपेशियों का क्षय सहन करते रहे। इस दौरान, वे अपने हाथ का उपयोग और उसकी समस्त संवेदनाएँ खो बैठे, किंतु उन्होंने अपनी मुद्रा नहीं बदली और इस प्रकार, एक जीवित मिथक बन गए।

सुख या दुख हमें दास नहीं बनाता

अमर भारती जैसी चरम सीमा तक पहुँचे बिना, कभी-कभी साधु लोग, कठोर तपस्या के माध्यम से दुख के बोझ से उबरने का संकल्प लेते हैं। इसके लिए ज़मीन में ख़ुद को दबा लेना, जीभ में कीलें ठोंकना, एक पैर पर खड़े होकर सोना, गर्म अंगारों पर चलना या लंबी दूरी की तीर्थयात्रा पर निकल जाना शामिल होता है।

दर्द का प्रतिरोध, ध्यान एवं उपवास का अभ्यास और कभी-कभी मौन व्रत, साधुओं के विभिन्न संप्रदायों की आम पद्धतियाँ हैं। उनकी तपस्या पद्धति भी उनके संप्रदाय के अनुसार व्यक्त होती है। आइए, तीन सबसे प्रमुख संप्रदायों पर एक दृष्टि डालते हैं :

1. नागा साधु, मूल रूप से योद्धा थे, जिन्होंने बारहवीं शताब्दी में मुसलमानों के आक्रमणों को रोका था। वस्त्र के नाम पर, ये साधु अपने शरीर पर केवल दाह-संस्कार किए जा चुके शव की भस्म धारण करते हैं। वे ऐसे संन्यासी हैं, जो आमतौर पर हिमालय में एकांत जीवन व्यतीत करते हैं, हालाँकि वे तीर्थयात्रियों की बड़ी सभाओं में भाग लेने के लिए लंबी दूरी भी तय करते हैं।
2. अघोरी साधु, चरम और कट्टरपंथी अनुष्ठानों के साथ जीवन बिताते हैं। वे श्मशान घाट के पास रहते हैं तथा शव-संस्कारों में भाग लेते हैं। यह दर्शाने के लिए कि मृत्यु, जीवन का हिस्सा है, ये साधु कभी-कभी मृतक का बिना जला मांस खा लेते हैं या मानव कपाल में भरकर जल पीते हैं। कभी-कभी, वे अपना मल भी खा लेते हैं। यद्यपि, अधिकांश रूढ़िवादी हिंदू, अघोरी साधुओं की प्रथाओं को स्वीकार नहीं करते, तथापि

ग्रामीण क्षेत्रों में इन साधुओं का विशेष रूप से सम्मान किया जाता है।

3. दंडी साधु, जिन्हें यह नाम इसलिए दिया गया है, क्योंकि वे हमेशा अपने साथ बांस का डंडा रखते हैं। वे पवित्र ग्रंथों के ज्ञाता होते हैं और ध्यान में लीन रहते हैं।

इन तीनों संप्रदायों में से किसी में भी शामिल होने की प्रक्रिया अलग-अलग हो सकती है, लेकिन प्रत्येक साधु को एक गुरु की आवश्यकता होती है, जो उसके साथ रहकर उसे त्याग का मूल्य समझाता है।

शिक्षक, मार्गदर्शक, गुरु

जीवन में कभी न कभी हम सबको एक मार्गदर्शक की आवश्यकता पड़ती है। भारत में यह भूमिका गुरु या आध्यात्मिक मार्गदर्शक निभाते हैं।

जिस प्रकार साधु, किसी शिक्षक से दीक्षा लेता है, उसी प्रकार अनेक सुप्रसिद्ध व्यक्तियों ने भी किसी मार्गदर्शक से लाभ पाया है, जिन्होंने उन्हें रास्ता दिखाया और उनका आत्मविश्वास भी बढ़ाया।

मदर टेरेसा का फ़ादर माइकल वैन डेर पीट से बड़ा मज़बूत संबंध था, जिन्होंने मदर टेरेसा को अपना जीवन ज़रूरतमंदों को समर्पित करने के लिए प्रोत्साहित किया। फ़ेसबुक के संस्थापक मार्क ज़ुकरबर्ग ने एक अन्य प्रसिद्ध प्रौद्योगिकी गुरु, ऐपल के संस्थापक स्टीव जॉब्स से मदद ली थी। ओपरा विंफ्रे ने कवि और कलाकार माया एंजेलो

को अपना गुरु बनाया तथा क्विंसी जोंस को रे चार्ल्स से मार्गदर्शन प्राप्त हुआ।

इन सब लोगों को महान ऊँचाइयों तक पहुँचने और अपना सर्वश्रेष्ठ प्रदर्शन करने के लिए एक बेहतरीन मार्गदर्शक की आवश्यकता थी। और आपको? क्या आपके पास कोई गुरु है, जो आपको उस दिशा में ले जा सके, जिधर आप जाना चाहते हैं?

जीवन एक तीर्थ-यात्रा है

इतिहासकार हिंदू धर्म के विस्तार का श्रेय साधुओं को देते हैं। उनके जीवन का केंद्रीय सूत्र, तीर्थयात्रा के प्रति उनकी श्रद्धा के कारण ही उनकी आस्था ने दक्षिण-पूर्व एशिया पर प्रमुख बड़ी छाप छोड़ी है।

हमें भारत के पवित्र स्थानों, जैसे सप्त पुरियों में साधुओं की सबसे अधिक संख्या मिलती है। ऋषिकेश में वे लोग योग का अभ्यास करके शरीर और मन पर नियंत्रण प्राप्त करते हैं। साथ ही अन्य स्थानों पर भी, विशेष रूप से वाराणसी में, जहाँ गंगा उन लोगों का आश्रय है, जो दुखों से मुक्ति चाहते हैं।

ये स्थान, उस मार्ग को चिह्नित करते हैं, क्योंकि गंगा, यमुना और सरस्वती जैसी पावन नदियाँ इन शहरों से होकर बहती हैं। कुंभ मेले में, जो तीर्थयात्रियों का प्रमुख जमावड़ा है, करोड़ों लोग शामिल होते हैं। इस दौरान साधु, माँ गंगा की आरती गाते हैं और कई सप्ताह तक जुलूस निकाले जाते हैं, जिनमें इस साधुओं के अनुष्ठान एवं उनकी अनूठी उपस्थिति भी देखने को मिलती है।

साधुओं का प्रभाव एशियाई महाद्वीप से भी आगे तक फैला हुआ है। 1845 और 1917 के बीच, पैंतीस हज़ार से अधिक लोग जमैका चले गए थे, जहाँ उन्होंने गांजे की खेती आरंभ की और उसका यह नाम गंगा नदी, देवी काली और भगवान शिव से प्रेरित है।

बालों को जटाओं की तरह बाँधने का भी रस्ताफ़ेरियन संस्कृति पर प्रभाव पड़ता था। हिंदी में, रास्ता का मतलब है 'पथ' या 'मार्ग'। संगीत के दिग्गज बॉब मार्ले ने साधुओं का प्रतीक माने जाने वाली जटाओं को पूरी दुनिया में मशहूर करने में मदद की।

लंबे बालों वाला

"वह लंबे बालों वाला अग्नि को सहन करता है, वह लंबे बालों वाला विष को सहन करता है, वह लंबे बालों वाला दोनों लोकों को सहन करता है। कहते हैं, वह लंबे बालों वाला सीधे आकाश की ओर देखता है, कहते हैं कि वह लंबे बालों वाला स्वयं प्रकाश है... हम नश्वर हैं, वे केवल हमारे शरीर को देखते हैं... उसके लिए, जीवन के देवता ने उस अटल व्यक्ति को कोड़े से मारा और पीटा है, जबकि उस लंबे बालों वाले व्यक्ति ने रुद्र के साथ मिलकर विष का प्याला पी लिया था।"

–ऋग्वेद के 'केशिन स्तोत्र' से

अस्तित्व का पर्वत

हम साधुओं से आनंद के मार्ग के विषय में क्या सीख सकते हैं?

हम उन चीज़ों का त्याग करना सीख सकते हैं, जिनकी हमें आवश्यकता नहीं है। इससे हम धरती पर सहज होकर चल सकेंगे और जीवन यात्रा के दौरान क्षय और थकावट को कम कर पाएँगे।

मनोवैज्ञानिक और लेखिका जोआन गारिगा ने जीवन के रूपक की पहाड़ द्वारा अद्भुत व्याख्या की है।

अपने जीवन के पूर्वार्द्ध में हम लाभ कमाने की इच्छा से पहाड़ पर चढ़ते हैं। इस दौरान हम ज्ञान, अनुभव, मैत्री, प्रेम, व्यावसायिक या बौद्धिक उपलब्धियाँ एवं अन्य सब प्रकार की संपदा एकत्र करते हैं... फिर, जीवन-यात्रा का मध्य बिंदु आता है, जहाँ हम पहाड़ की चोटी पर पहुँच जाते हैं और वहाँ से चिल्लाते हैं, "मैं पहुँच गया! मैंने ये सब प्राप्त कर लिया!" और फिर हम अपने उस अवलोकन बिंदु से संसार के दृश्यों का आनंद लेते हैं।

परंतु शिखर पर पहुँचने के बाद हमें पहाड़ के दूसरी ओर से उतरना भी पड़ता है। हम चढ़ाई करके थक चुके होते हैं, और हम जैसे-जैसे नीचे उतरते हैं तथा हमारी क्षीण होती शक्ति और कम होती जाती है। जीवन के मध्य बिंदु को पार करने के बाद, बुद्धिमान व्यक्ति अपनी जीवन-यात्रा के दूसरे भाग में वस्तुओं का संचय करना बंद कर देता है और उनका त्याग करना आरंभ कर देता है। हम उन बेकार वस्तुओं से स्वयं को मुक्त कर लेते हैं, जो जगह घेरती और हमारा बोझ बढ़ाती हैं। हमें बहुत कम वस्तुओं की आवश्यकता रह जाती है और हम हलका होकर यात्रा करने को प्राथमिकता देने लगते हैं तथा उतराई के अंत तक पहुँच कर हम अपने पास बची हुई वस्तु, यानी जीवन को भी त्याग देते हैं।

जोआन गारिगा उन लोगों की उदासी को भी देखती हैं, जो संचय की भावना के साथ पहाड़ से नीचे उतरते हैं। अपने जीवन को सरल बनाने और केवल आवश्यक वस्तुओं को रखने, समय को अधिक महत्त्व देने के बजाय, वे जीतने, स्वयं को सिद्ध करने, अपनी दिनचर्या को भरने और पुरस्कार की इच्छा रखने में लगे रहते हैं। वे अपने काम न दूसरों को काम सौंप पाते हैं और न ही उन्हें छोड़ पाते हैं।

इन लोगों को साधुओं के ज्ञान से सीखना चाहिए।

आप किसके बिना रह सकते हैं?

एक जर्मन कॉमेडी फ़िल्म है, जिसमें दो दोस्त, एक शर्त के कारण अपना सब कुछ छोड़ देने का फ़ैसला करते हैं। वे चार दीवारों के बीच सौ दिन नग्न होकर रहते हैं और हर दिन वे उन वस्तुओं में से एक को वापस रख सकते हैं, जिन्हें उन्होंने छोड़ दिया था। इस तरह उन्हें पता चलता है कि उन्हें वास्तव में क्या चाहिए।

इस फ़िल्म ने हमें 1994 में प्रकाशित एक सेल्फ़-हेल्प कालजयी फ़िल्म: *सिप्लीफ़ाई यॉर लाइफ़* की याद दिला दी, जिसे एक रियल एस्टेट एजेंट, एलेन सेंट जेम्स ने पंद्रह वर्षों के कठिन परिश्रम के बाद लिखा था।

अपने अत्यंत व्यस्त कार्यक्रम और लगातार लंबी होती कार्य-सूची से परेशान होकर, सेंट जेम्स अपने जीवन के विषय में पुनर्विचार करने के लिए सप्ताह के अंत में एकांतवास में चली गईं। वहाँ रहकर उन्होंने उन चीज़ों की एक सूची बनाई, जिन्हें अपने दैनिक जीवन की जटिलता को कम करने के लिए छोड़ा जा सकता था। उनमें से कुछ ये हैं :

- देश के उस हिस्से में रहना, जहाँ वह सचमुच रहना चाहती थीं, वहाँ एक छोटा-सा घर लेना, ताकि उसके रख-रखाव पर पैसा और समय दोनों की बचत हो सके।

- अपने व्यवसाय को बदलकर वह कार्य करना, जो उसे अधिक पसंद हो, चाहे उसमें पैसे काम मिलते हों।
- उस 'बेकार नाव' को बेच देना, जिसका उसने इस्तेमाल नहीं किया और जो उसके लिए सिरदर्द बन गई थी।
- संपत्ति और सेवाओं की आवश्यकता को घटाना।
- आहार एवं ख़रीदारी संबंधी आदतों में सुधार करना।

इस अध्याय को समाप्त करते हुए हम एलेन सेंट जेम्स वाला कार्य करने की सलाह देते हैं। आपको अपने जीवन को सुव्यवस्थित करने के लिए साधु बनने की आवश्यकता नहीं है। दरअसल, आपको सप्ताह के अंत में एकांतवास में जाने की भी ज़रूरत नहीं है।

अपने लिए एक घंटा निकालिए। अपने साथ अकेले किसी कैफ़े या पार्क में जाएँ और एक नोटबुक में निम्नलिखित चीज़ों की सूची बनाएँ :

- ऐसी सब भौतिक वस्तुएँ, जिनके बिना आप रह सकते हैं, आप उन्हें बेच सकते हैं या समय और स्थान बचाने के लिए किसी को दान दे सकते हैं।
- व्यर्थ या अनावश्यक ख़र्चे।
- वे बैठक और कार्यक्रम, जिनमें आप शामिल होते हैं, लेकिन वे आपको पसंद नहीं हैं। वे रिश्ते, जिन्हें आपने केवल जड़ता के कारण क़ायम रखा हुआ है।
- रोज़मर्रा की आदतें – टीवी देखना, निरुद्देश्य ऑनलाइन स्क्रॉल करना, आदि – जिन्हें आप पूर्ण रूप से सचेत होकर नहीं करते। वे सब अनावश्यक काम, जो आप मशीनी ढंग से करते रहते हैं।

एक बार उन सब चीज़ों की पहचान हो जाए, जिनके बिना आप रह सकते हैं, तो फिर उस जर्मन फ़िल्म के पात्रों को प्रेरणा मानकर अपनी सूची में से एक-एक करके उन चीज़ों को जीवन से निकाल दें।

सौ दिन तक इस कार्य को कीजिए और फिर देखिए कि इससे आपका बोझ कितना काम हो जाता है। साधु बनने के मार्ग पर आपका स्वागत है!

आश्रम

....

समुदाय के साथ आगे बढ़ना

उत्तरी ओकिनावा में हमारे शोध के दौरान, जिसने हमें उन किताबों की प्रेरणा दी जो हमें यहाँ तक लाईं, हमने पाया कि दीर्घायु होने का राज़ है, दोस्तों का एक मज़बूत ग्रुप, एक आध्यात्मिक परिवार का होना। ओगिमी में हमने मोआइस का दौरा किया, जहाँ बुजुर्ग जन्मदिन मनाते, खेलते और परस्पर सहयोग प्रदान करते हैं, जिसमें सामुदायिक निधि से वित्तीय सहायता प्राप्त करना शामिल है और यह उन कारणों में से एक है, जिसके चलते दुनिया के इस हिस्से में लोग अधिक जीते हैं और उनके अच्छे जीवन स्तर का भी आनंद लेते हैं। दरअसल, *मोई* का अनुवाद 'समान उद्देश्य के साथ एकत्र होना' किया जा सकता है।

एक सुदृढ़ सामाजिक दायरा, दीर्घायु और आनंद की वृद्धि में सहायक होता है। कवि जॉन डॉन ने सत्रहवीं शताब्दी में लिखा था, ''कोई व्यक्ति अकेला नहीं रह सकता।'' हमें मानसिक और आध्यात्मिक रूप से स्वस्थ महसूस करने के लिए दूसरों के साथ की आवश्यकता होती है।

जिनके साथ हम समय बिताते हैं, उनका हमारे स्वास्थ्य पर गहरा असर पड़ता है। अगर हम उन्हें समझदारी से चुनेंगे, तो हम कठिन परिस्थितियों में भी सशक्त महसूस करते हैं, दुख के समय हमें साँत्वना मिलती है, तथा हमें अपने विचारों और परियोजनाओं को पूरा करने की प्रेरणा प्राप्त होती है।

भारत में किसी गुरु या विशिष्ट धर्म के इर्द-गिर्द एकत्र हुए आध्यात्मिक समुदाय, यानी आश्रमों की परंपरा है। यही इस अध्याय का विषय है। जिस तरह सही लोगों के साथ होने पर आपके गुण और विकसित होते हैं, उसी तरह ग़लत आश्रम का चयन आपको ऊपर उठाने की बजाय नीचे खींच सकता है।

मेहनत से आगे बढ़ना

आध्यात्मिक अभ्यास, सामुदायिक दिनचर्या और मानसिक शांति की खोज, आश्रमों के कुछ लक्ष्य हैं। ध्यान और योग के विषय में सीखने के इच्छुक किसी भी व्यक्ति के लिए आश्रम खुले हैं और ये आंतरिक विकास तथा जीवन जीने की पद्धति का अवलोकन करने के लिए मरुस्थल के बीच हरित भूमि का काम करते हैं।

इनके द्वार एक मठ से दूसरे मठ की तीर्थयात्रा करने वाले साधुओं के साथ-साथ स्थानीय लोगों के लिए भी खुले होते हैं, चाहे उनकी जाति कुछ भी हो। यहाँ उन यात्रियों का भी स्वागत होता है, जो संसार के शोरगुल से दूर साधारण-से वातावरण में बैठकर यह जानने की कोशिश करना चाहते हैं कि उन्हें किस चीज़ से ख़ुशी मिलती है। आप चाहे बौद्ध हों या हिंदू या दोनों में से कोई, यह ख़ुशी केवल आपके भीतर पाई जाती है।

आश्रमों का इतिहास प्राचीन है, जिस समय वे आमतौर पर शहरों से बाहर, किसी तारोताज़ा करने वाले प्राकृतिक परिवेश में स्थित होते थे। शांति के घर, ये आश्रम, अब भी आवास, शिक्षा और आज आत्मा की खोज के लिए शुरू हुई यात्रा में एक विराम उपलब्ध कराते हैं।

कुछ लोग स्वयंसेवकों को रखते हैं, जो स्थान एवं वहाँ की सेवाओं के रख-रखाव में सहायता प्रदान करते हैं। अन्य लोग, बिना किसी शर्त अपनी खोज में ये लोगों को एकांतवास प्रदान करते हैं।

हम संस्कृत शब्द 'आश्रम' में इसके दर्शन को देख सकते हैं। व्युत्पत्ति के अनुसार इस शब्द का अर्थ है, 'धार्मिक परिश्रम'। हिंदू परंपरा में, वैदिक ग्रंथों के अध्ययन और योग एवं ध्यान के अभ्यास के लिए नियत स्थान आश्रम कहलाता है। चौथे पुरुषार्थ (मोक्ष या आध्यात्मिक मुक्ति) की ओर आध्यात्मिक प्रगति, इन गतिविधियों तथा आहार एवं दिनचर्या पर लागू सख़्त आत्म-अनुशासन के माध्यम से होती है।

आश्रम का एक अनिवार्य पहलू गुरुकुल या 'गुरु का घर' है, जहाँ छात्र एक साथ रहते और किसी शिक्षक या आध्यात्मिक मार्गदर्शक से शिक्षा प्राप्त करते हैं।

भारत में अनेक मार्गदर्शकों के उपदेशों से प्रेरित आध्यात्मिक समुदाय हैं, जिनमें विवादास्पद रजनीश (जिन्हें बाद में ओशो कहा गया), मीरा अल्फ़ासा, श्री अरबिंद की सहयोगी 'माँ', जिन्होंने प्रयोगात्मक शहर ऑरोविले की स्थापना की, रामकृष्ण, रमण महर्षि, जिद्दू कृष्णमूर्ति और गले लगाने वाली संत अम्मा, जिनसे गले लगने के लिए लंबी कतारें लगती हैं।

मन, भोजन से बनता है (और सबसे अच्छा भोजन, भारतीय भोजन है)

आश्रम में जिन आदतों को बढ़ावा दिया जाता है, उनमें हल्का एवं संतुलित आहार लेना शामिल है, जो शरीर के लिए लाभकारी होता है। इससे अत्यधिक एकाग्रता और मानसिक स्पष्टता विकसित होती है, जैसा कि हम छांदोग्य उपनिषद में भी पढ़ सकते हैं :

> भोजन खाने के बाद तीन भागों में विभाजित हो जाता है; इसका सबसे स्थूल घटक मल पदार्थ में बदल जाता है। इसका मध्य भाग शरीर बन जाता है और सूक्ष्मतम हिस्सा मन में परिवर्तित हो जाता है। प्रिय बालक, दही को मथने से उसका सूक्ष्मतम भाग ऊपर की ओर उठता है और शुद्ध घी बन जाता है। उसी प्रकार, जो भोजन खाया जाता है, उसका सूक्ष्मतम अंश ऊपर की ओर उठकर मन बन जाता है। इसलिए, प्रिय बालक, हम कहते हैं कि मन, भोजन से बनता है।

जर्मन ऑनलाइन फूड डिलीवरी प्लेटफ़ॉर्म लिफ़रेंडो द्वारा किए गए एक अध्ययन के अनुसार, भारतीय भोजन से हमें सबसे अधिक ख़ुशी होती है और सब्ज़ी की तरी खाने वाले की ख़ुशी में 83 प्रतिशत की वृद्धि हो जाती है। सब्ज़ी की तरी बनाने में प्रयुक्त मसाले, विशेषकर हल्दी, इसके लिए ज़िम्मेदार हो सकते हैं। यूसीएलए के एक अध्ययन के अनुसार हल्दी, खाने वालों के मूड को अच्छा करती है।

पोषणदायक शांति

भारत में अधिकतर आश्रम, आयुर्वेद के सिद्धांतों से प्रेरित दिशा-निर्देशों के आधार पर आहार निर्धारित करते हैं। भले ही हम किसी आध्यात्मिक शिविर में न रह रहे हों, तो भी हम अपने घर में ही स्वस्थ शरीर, मन और आत्मा के लाभ के लिए इन नियमों का पालन कर सकते हैं :

- पकाया हुआ ताज़ा भोजन तीन घंटे के भीतर खाएँ।
- अपने आहार से प्रसंस्कृत खाद्य पदार्थों को दूर कर दें, साथ ही कैफ़ीन, सोडा, चीनी तथा बर्फ़ में रखे, तले हुए और पैकेट बंद खाद्य पदार्थों को भी आहार में से हटा दें।
- दूध से बने पदार्थ और फलों को कभी एक साथ नहीं खाना चाहिए और न ही इनके सेवन से पहले 100 मिलीलीटर से अधिक पानी पीना चाहिए।
- हमें नियमित भोजन का समय निश्चित करना चाहिए। माइक्रोबायोटा के प्रभावी ढंग से काम करने के लिए हमारे पाचन तंत्र को निश्चित समय-सारिणी की आवश्यकता होती है।
- भोजन करने से पहले थोड़ा अदरक खाकर अपने शरीर के पाचक रसों को तैयार कर लेना चाहिए।
- अपने भोजन का बेहतर स्वाद लेने के लिए, हमें केवल खाने पर ही ध्यान केंद्रित करना चाहिए। इसके लिए, हमें धीरे-धीरे और शांति से खाना चाहिए, जैसा कि माइंडफुलनेस रिट्रीट के दौरान किया जाता है। शुद्धतावादी लोग, पाचन में सुधार के लिए प्रत्येक कौर को, एक-एक करके, बत्तीस बार चबाने की सलाह देते हैं।

- हमें भोजन करते समय पढ़ने या बातचीत आदि करने से बचना चाहिए।

जब हम भोजन करते हैं, तो हमें ध्यान रखना चाहिए कि हमें जो ऊर्जा मिलती है, वह धरती और ब्रह्मांड से आती है। इसलिए यह ईश्वर का दिया हुआ उपहार है।

चाहे आश्रम हो या घर, सचेत और स्वस्थ ढंग से भोजन करना, हमें ऊर्जा एवं शारीरिक तथा मानसिक स्वास्थ्य प्रदान करता है। यह आनंद के मार्ग का एक मूलभूत अंग है।

एकांतवास में जाने के लाभ

इतने सारे लोग क्यों हैं, जो अपनी रोज़ की भागदौड़ छोड़कर अपने मस्तिष्क में निरंतर चलते विचारों पर विराम लगाना चाहते हैं? इसके कारण भी उतने ही विविध हैं, जितने कि वे लोग, जो इसे अनुभव करने का निर्णय लेते हैं, परंतु एकांतवास में जाने के पीछे सबसे आम उद्देश्य अग्रलिखित हैं :

- अपने भीतर के तत्त्व से जुड़ने और ख़ुद को बेहतर ढंग से जानना, ख़ुद को देखने और निर्भय होकर बदलाव को स्वीकार करने के लिए स्थान और शांति प्राप्त करना।
- ध्यान अथवा किसी अन्य आध्यात्मिक अभ्यास के दौरान धैर्य और विनम्रता सीखना।
- व्यक्तिवाद और स्वार्थ को नज़रअंदाज़ करते हुए उदार बनना सीखना और यह एहसास करना कि हम ख़ुद से बड़ी किसी अन्य चीज़ का हिस्सा हैं।

- अपने शरीर और मन को विषैले तत्त्वों से मुक्त करना। दुनिया के शोर से दूर होना और आने वाली चुनौतियों के लिए अपनी ऊर्जा संगृहीत करना।
- किसी शिक्षक या मार्गदर्शक से जुड़ना, जो हमारे अपनाए गए मार्ग पर कोई नई दृष्टि दे सके और अन्य तीर्थयात्रियों से भी जुड़ना, जो शायद इस तरह के अनुभव से गुज़र रहे हों। मौन एकांत वास के दौरान भी अन्य लोगों की उपस्थिति प्रेरणादायक होती है और हमारी खोज को सरल बनाती है।
- आश्रम का दैनिक जीवन ऐसे स्थान पर बीतता है, जहाँ सामान्यतः साझा शयन-गृह, एक सामुदायिक भोजन कक्ष, ध्यान, योग और पढ़ने के लिए कमरे और एक उद्यान होता है।

यद्यपि मौन केवल तभी अनिवार्य है, जब हम विपश्यना, एकांतवास या इस तरह के किसी अन्य कार्यक्रम में भाग लेते हैं। तब हमें धीमी आवाज़ में बोलने और आरामदायक, ढीले-ढाले और शालीन और लंबे वस्त्र, जैसे *पंजाबी* सूट, *धोती,* और लंबी शर्ट, आदि (जिसमें हाथ, पैर या धड़ न दिखें) पहनने को कहा जाता है।

शारीरिक संपर्क प्रतिबंधित है - अधिकांश मठों में ब्रह्मचर्य का पालन करना अनिवार्य है। धूम्रपान, मदिरा सेवन, और नशा करना भी निषिद्ध होता है।

दिनभर की एक निश्चित समय-सारिणी होती है, जो सूर्योदय के समय उठने से लेकर रात ढलने पर सो जाने तक चलती रहती है। प्रत्येक दिन सत्संग होता है, और साथ में ध्यान, मंत्र जाप, पढ़ना, योग सत्र और हल्का भोजन किया जाता है।

आश्रम की जीवनशैली जानबूझकर कठोर बनाई गई है। बुनियादी बातों पर फिर से पुनर्विचार करने से हमें यह जानने का अवसर मिलता है कि हमें किस वस्तु की आवश्यकता नहीं है, ताकि हम अपने आनंद के आधार को ठीक से देख पाएँ।

संबंध का टूटना और फिर जुड़ना : *खाओ, प्रार्थना करो, प्रेम करो*

अपने बेस्टसेलिंग संस्मरण ईट, *प्रे*, *लव* में आध्यात्मिकता को समर्पित अध्याय लिखने के लिए एलिज़ाबेथ गिल्बर्ट ने भारत के एक आश्रम में कुछ समय बिताया। उन्होंने इटली में भोजन से जुड़ी परंपराओं और मनोभावों का ज्ञान प्राप्त किया और बाली में उन्होंने, शरीर और प्रेम के भावों पर ध्यान केंद्रित किया, परंतु गणेशपुरी आश्रम में – जहाँ यह अनुमान है कि वे कुछ समय ठहरी थीं – उन्होंने आध्यात्मिक शुद्धि और पुनर्संबंध का अनुभव किया।

बीटल्स का आध्यात्मिक आश्रय

बीटल्स को ध्यान की दीक्षा देने वाले गुरु महर्षि महेश के अनुसार आनंद ही एकमात्र सच्ची सफलता है। 1968 में, अब तक के सबसे प्रसिद्ध उस बैंड के सदस्य अपने सहयोगियों एवं परिवार के अन्य सदस्यों के साथ गंगा-तट पर स्थित पवित्र शहर ऋषिकेश की यात्रा पर गए थे, जो योग की राजधानी कहा जाता है और जहाँ भारत के कुछ सर्वाधिक प्रसिद्ध आश्रम स्थित हैं।

इन आध्यात्मिक अनुभवों को लेकर बीटल्स में सबसे अधिक भावुक जॉर्ज हैरिसन थे, जो सांसारिकता से दूर हो गए और उन्होंने इसका कारण यह बताया कि जीवन के अर्थ को फिर से जानने के लिए ऐसा करना ज़रूरी था। वर्षों तक प्रसिद्धि एवं धन अर्जित करने के बाद, उन्हें लगा कि उनके जीवन में सच्चे प्यार और शांति का अभाव है।

आध्यात्मिकता के प्रति जॉर्ज का आकर्षण, पूरे बैंड पर हावी हो गया और वे सब मिलकर चौरासी कुटिया आश्रम पहुँच गए, जिसे यह नाम ट्रांसेंडेंटल मेडिटेशन तकनीक के संस्थापक महर्षि महेश ने दिया था। वहीं इस बैंड ने अपना प्रतिष्ठित 'व्हाइट एलबम' भी तैयार किया।

नब्बे के दशक में यह आश्रम ख़ाली हो गया था और हाल ही में, इसे आगंतुकों के लिए पुनः खोला गया है, जिनमें अधिकतर बीटल्स के प्रशंसक आते हैं और काई एवं मकड़ी के जालों से ढकी हुई खंडहर हो चुकी इमारत में श्रद्धापूर्वक घूमकर चले जाते हैं।

यहाँ लिखे गए गीतों में 'डियर प्रूडेंस' शामिल है, जिसने अभिनेत्री मिया फ़ैरो की बहन को आश्रम के एकांत से बाहर निकलने के लिए प्रेरित किया। बाद में, प्रूडेंस ट्रांसेंडेंटल मेडिटेशन गुरु बन गई थी।

ऋषिकेश में बिताए समय से ही प्रेरित एक और गीत है, 'आई एम सो टायर्ड', जो जॉन लेनन के उस मूड को दर्शाता है, जब उन्होंने शराब और ड्रग्स का सेवन छोड़ा था। उन चार शानदार लोगों के लिए जीवन के सुखों को नकारना सरल नहीं था।

निजी आनंद के तीन सबक़

संभव है कि आप कभी किसी आश्रम या मठ में एकांतवास के लिए न जाएँ। और यदि आप जाते हैं, तो एकांतवास रोज़मर्रा की ज़िंदगी से केवल अवकाश की तरह होता है, जहाँ से आपको फिर वापस लौटना ही पड़ता है।

तो हम उसी आध्यात्मिक अवकाश की शांति और स्पष्टता को अपने दैनिक जीवन में कैसे प्राप्त कर सकते हैं?

इसके लिए हमारे दिमाग़ में तीन व्यावहारिक तरीक़े हैं :

1. *घर पर अपना निजी मरु उद्यान बनाएँ :* यह कोई भी छोटी-सी पवित्र जगह हो सकती है, जहाँ आप आराम कर सकें। एक कोने में गलीचा, कुछ कुशन और एक टेबल या फिर आपकी कोई पसंदीदा आरामकुर्सी। अगर आपके पास अपना घर है, तो यह एक कमरा भी हो सकता है, जहाँ आप बिना किसी व्यवधान के हर तरीक़े से आराम कर सकते हैं। यदि आपके पास कोई शांतिपूर्ण कोना नहीं है, तो भी आवश्यक नहीं कि आपका यह मरु उद्यान कोई भौतिक स्थान ही हो। वह कोई निश्चित समय भी हो सकता है, जिसमें आप प्रतिदिन बिना किसी बाहरी विकर्षण से प्रभावित हुए, अपनी देखभाल के लिए कुछ समय निकाल पाएँ; आप ध्यान कर सकते हैं, पढ़ सकते हैं, संगीत सुन सकते हैं, या केवल विचार कर सकते हैं। आप मन में उठे किसी विचार को लिखने के लिए एक नोटबुक अपने पास रख सकते हैं।
2. *मठ की अच्छी आदतें अपनाएँ :* रोज़मर्रा के जीवन की आपाधापी हमें विपश्यना की तरह जीने की अनुमति तो नहीं देती, लेकिन हम जीवन में कुछ ऐसे अभ्यास शामिल कर सकते हैं, जिनसे हमें लाभ हुआ है, जैसे सोच-समझकर स्वस्थ आहार का सेवन अथवा मौन एवं विश्राम के लिए पर्याप्त समय देना। आप तय कर सकते हैं कि आप मठ के जीवन के किन पहलुओं को अपने दैनिक जीवन में शामिल करना चाहते हैं।

3. *अपने प्रियजनों का ख़याल रखें :* मोआई की तरह, आश्रम भी एक ऐसा समूह है या होना चाहिए, जो एक ही लक्ष्य की ओर काम कर रहा हो। इसलिए इस बारे में सही निर्णय लेना महत्त्वपूर्ण है कि हम कहाँ और किसके साथ रहना चाहते हैं। भावनात्मक संक्रमण का अर्थ यह है कि हम उन लोगों की तरह बन जाते हैं, जिन्हें हम प्राय: देखते हैं। यही कारण है कि हमने अपने आस-पास जो समुदाय बनाया है, उसकी जाँच करना बहुत महत्त्वपूर्ण है। क्या हमारे मूल सिद्धांत एक जैसे हैं? वे हमारे जीवन के महत्त्व को बढ़ाते हैं या उसे कम करते हैं? वे हमारे आध्यात्मिक विकास में सहायक हैं या बाधा? अंत में, हमारे प्रियजनों का स्तर हमारे जीवन की गुणवत्ता का स्तर निर्धारित करता है।

हमारे समय के शिक्षक

इस किताब के पहले खंड में, हमने एक अध्याय भारत के प्राचीन गुरुओं को समर्पित किया है, जो अपने समय से आगे थे और ऐसे प्रश्न पूछते थे, जो आज भी प्रासंगिक हैं। आधुनिक युग में, साहित्य के लिए नोबेल पुरस्कार के पहले ग़ैर-यूरोपीय विजेता रवींद्रनाथ टैगोर तथा बीसवीं सदी के विचारक जिद्दू कृष्णमूर्ति आदि के अलावा, तकनीक और व्यवसाय के क्षेत्र में आज अधिक से अधिक भारतीय गुरुओं को अगुआई करने के लिए आमंत्रित किया जाता है।

हमें प्रतिभा की इस नई लहर के बारे में तब पता चला, जब हम महामारी से ठीक पहले भारत आए थे।

भारत में साहित्यिक दौरे पर, हमें कई प्रभावशाली भारतीयों के साथ मंच साझा करने का सौभाग्य प्राप्त हुआ। मुंबई के एक उद्यमी ने इकिगाई के अपने एक निजी अनुभव को साझा किया, जिसे हम भी कहना पसंद करते हैं, और उसे हमने *कूएरपोमेंते (बॉडीमाइंड)* नामक पत्रिका के पाठकों के साथ भी साझा किया था।

उस व्यक्ति के अनुसार, उसका व्यवसाय कुछ समय से बढ़ना शुरू हुआ था और धीरे-धीरे उसकी कंपनी बहुराष्ट्रीय बन गई। न्यू यॉर्क की यात्रा पर जाने से पहले, जहाँ वह अपने जीवन के सबसे सफल अनुबंध पर हस्ताक्षर करने वाला था, उसकी माँ ने उसे एक छोटा-सा लिफ़ाफ़ा दिया।

''यह क्या है, माँ?'' उसने पूछा।

''इसे अभी मत खोलना,'' माँ ने जवाब दिया। ''यह तुम्हारी इस महत्त्वपूर्ण यात्रा के लिए एक भेंट है।''

उत्सुकतावश उसने वह लिफ़ाफ़ा अपने बटुए में रख लिया। वह जैसे ही न्यू यॉर्क पहुँचा और विमान से उतरा, उसने लिफ़ाफ़ा निकालकर खोला। उसके अंदर काग़ज़ का एक टुकड़ा था, जिस पर उसकी माँ के हाथ से सिर्फ़ एक शब्द लिखा था, ''पर्याप्त''।

उसने घबराते हुए तुरंत अपनी माँ को फ़ोन किया और उनसे उस शब्द का अर्थ पूछा।

''शांत हो जाओ, बेटा। यदि तुम इसका अर्थ जाते हुए नहीं समझ पाए, तो वापस आते हुए अवश्य समझ जाओगे।''

उस व्यक्ति ने असमंजस की स्थिति में लिफ़ाफ़ा एक ओर रख दिया और वह कभी न सोने वाले उस शहर में जिस वार्तालाप के लिए आया था, उसमें व्यस्त हो गया। कुछ दिनों बाद उसने मुंबई लौटने के लिए उड़ान भरी।

प्रथम श्रेणी में सर्वोत्तम सुविधाओं के साथ यात्रा करने के बावजूद, उसे विमान के उड़ान भरते ही थकान महसूस होने लगी। यह सिर्फ़ शारीरिक और मानसिक थकान नहीं थी। उसने, जिस अनुबंध पर हस्ताक्षर किए थे, उससे उत्पन्न उत्साह के चलते, उसे ज़बरदस्त थकान हो गई थी।

जिस समय उसका विमान बादलों को चीरता हुआ जा रहा था, उसके मन में विचार आया कि उसका जीवन दूसरों को बहुत रोमांचक और प्रभावशाली लगता था, लेकिन वह स्वयं ऊब चुका था। उसका अब कोई अर्थ नहीं बचा था।

तभी उसे अपनी माँ का दिया लिफ़ाफ़ा और उनके शब्द याद आ गए, ''यदि तुम इसका अर्थ जाते हुए नहीं समझ पाए, तो वापस आते हुए

अवश्य समझ जाओगे।'' जब उसने 'पर्याप्त' शब्द लिखा देखा, तो उसे नया अर्थ मिल गया।

अब तक सब ठीक था- मज़ेदार भी - लेकिन उसे अब इस मार्ग पर चलते रहने की कोई इच्छा नहीं थी। वह अपनी दौलत को दोगुना कर सकता था, यहाँ तक कि उसे दस गुना भी कर सकता था, लेकिन उसके अपने भीतर जो ख़ालीपन महसूस हो रहा था, वह उसी तरह बना रहता या शायद और बदतर हो जाता।

शहर वापस लौटने के बाद उसने एक क्रांतिकारी निर्णय लिया। उसने तय किया कि वह व्यापार जगत को छोड़कर ख़ुद को उस अभियान के लिए समर्पित करेगा, जो लंबे समय से उसकी अंतरात्मा के द्वार पर दस्तक दे रहा था, यद्यपि वह उसे स्वीकार नहीं करना चाहता था : सर्वाधिक वंचित छात्रों को बेहतरीन शिक्षा प्रदान करना।

जब उस व्यवसायी ने अपना ध्यान उस नए कार्य पर लगाया, तो उसे अपने शरीर में फिर से नवीन ऊर्जा का संचार महसूस होने लगा। उसने योजना बनाना आरंभ कर दिया कि वह शिक्षकों और प्रोफ़ेसरों को प्रशिक्षित करने के लिए अपने संसाधनों का निवेश कैसे करे, जो अपने ज्ञान को उन लोगों के साथ साझा करेंगे, जिनकी पहुँच उस स्तर की शिक्षा तक नहीं है।

जल्द ही उसने एक महत्त्वाकांक्षी कार्यक्रम तैयार कर लिया, जिसमें सहयोगियों की एक टीम, एक कैलेंडर तथा मध्यम और दीर्घकालिक लक्ष्य नियत थे। वह उद्यमी चरम पर था। वर्षों खोए रहने के बाद, उसे अपने जीवन का अर्थ, अपना इकिगाई मिल गया था। उसने अपने आकर्षक भाषण को इन शब्दों के साथ समाप्त किया :

''मैं अब कह सकता हूँ कि मैं ख़ुश हूँ। मैं संतुष्ट महसूस करता हूँ और समाज के लिए उपयोगी हूँ। मैं आपको एक अंतिम रहस्य बताना चाहता हूँ। आज, हर कोई हर जगह मौजूद होना चाहता है, हर किसी

से संवाद करना चाहता है, अपनी उपस्थिति को बढ़ाना चाहता है। एक भ्रम है कि इसी को सफलता कहते हैं, लेकिन मैं आपको बताऊँ कि यह बात पूरी तरह ग़लत है। सफलता, विपरीत मार्ग से प्राप्त होती है; सभी द्वार बंद करके। जब आप हर अनावश्यक चीज़ के लिए द्वार बंद कर देंगे, तभी आप उस वस्तु पर ध्यान केंद्रित कर सकते हैं, जो वास्तव में आपके लिए महत्त्वपूर्ण है और तब आप एक सफल इंसान बन पाएँगे।''

अद्भुत गणितज्ञ : श्रीनिवास रामानुजन

कुछ प्रतिभाशाली लोग होते हैं, जो अपने इकिगाई के प्रति समर्पित होकर सभी द्वार बंद कर देते हैं, और कुछ प्रतिभाशाली होते हैं, जो ऐसे द्वार खोल देते हैं, जिनके बारे में किसी को पता नहीं होता।

कुछ मौजूदा प्रौद्योगिकी विद्वान अग्रगणियों पर चर्चा करने से पहले, आइए 1887 में लौटते हैं और विज्ञान की दुनिया के एक अनोखे मामले पर नज़र डालते हैं। श्रीनिवास रामानुजन का जन्म तमिलनाडु के इरोड जिले में हुआ था और मात्र 32 वर्ष की आयु में उनकी मृत्यु हो गई थी। इतने कम समय जीवित रहने के बावजूद उन्हें इतिहास के महानतम गणितज्ञों में से एक माना जाता है।

उनका मामला इसलिए असाधारण है कि वे बचपन से ही पूर्णतः स्वशिक्षित थे तथा केवल किताबों और अपने अंतर्ज्ञान का ही प्रयोग करते थे।

वे इतने प्रतिभाशाली थे कि अस्पताल के बिस्तर पर लेटे हुए बातचीत के दौरान उनके दिमाग़ में एक विचार आया, जो गणित में बिलकुल अनूठा योगदान साबित हुआ, जिसे आज टैक्सीकैब या हार्डी-रामानुजन संख्या के नाम से जाना जाता है।

लंदन मैथमेटिकल सोसायटी के उनके शिक्षक जीएच हार्डी इस कहानी को इस तरह सुनाते हैं, ''मुझे याद है कि एक बार मैं उनसे मिलने गया था, जब वे पटनी में बीमार पड़े थे। मेरी टैक्सी का नंबर 1729 था और मैंने उनसे कहा था कि यह संख्या बहुत नीरस लगती है और मैं चाहता हूँ कि यह कोई अपशकुन न हो। 'ऐसा नहीं है,' रामानुजन ने जवाब दिया, 'यह बहुत रोचक संख्या है। यह दो अलग-अलग तरीक़ों से दो घनों के योग के रूप में व्यक्त की जा सकने वाली सबसे छोटी संख्या है।'''

अब हम उस समय पर लौटते हैं, जब रामानुजन को भारत में कोई नहीं जानता था। उन्हें बिना किसी औपचारिक पढ़ाई के कैम्ब्रिज विश्वविद्यालय के प्रसिद्ध प्रोफ़ेसर ने स्वीकार कैसे किया?

रामानुजन का जन्म एक निर्धन परिवार में हुआ था। उनके पिता कपड़े की एक दुकान में सहायक थे और उनकी माँ गृहिणी थीं। जब वे ग्यारह साल के हुए, तो एक अँग्रेज़ गणितज्ञ द्वारा लिखी त्रिकोणमिति की एक किताब उनके हाथ लग गई। इस किताब को पढ़ने से उनका जीवन बदल गया।

दो साल तक उस किताब को पढ़ने के बाद, रामानुजन ने उस अर्जित ज्ञान के आधार पर अपने स्वयं के प्रमेयों को विस्तार देना शुरू कर दिया। चौदह वर्ष की आयु में, रामानुजन का स्कूल प्रदर्शन उत्कृष्ट था और उन्होंने अपनी गणित की परीक्षा निर्धारित से आधे समय में पूरी कर ली, हालाँकि वे अन्य विषयों में कम प्रतिभाशाली थे।

दरअसल, अपनी माध्यमिक शिक्षा पूरी करने के बाद, उन्होंने कॉलेज में पढ़ाई जारी रखने की कोशिश की, लेकिन वे गणित को छोड़कर लगभग अन्य सभी विषयों में फेल हो गए थे। इस कारण उन्हें कॉलेज छोड़ना पड़ा, लेकिन वे अपने पसंदीदा विषय के साथ आगे बढ़ते रहे। संख्याओं के प्रति उनके जुनून के चलते उन्हें अत्यधिक ग़रीबी में जीवन व्यतीत करना पड़ा।

फिर उन्हें मद्रास (अब चेन्नई) में अकाउंटेंट की नौकरी मिल गई, जहाँ उन्हें तीस रुपए का मामूली मासिक वेतन मिलता था। संख्याओं में कुशल होने के कारण वे कार्य जल्दी ख़त्म करके अपना शेष समय गणितीय शोध में लगाते थे।

अँग्रेज़ी बोलने वाले कुछ मित्रों की सहायता से उन्होंने यूनाइटेड किंगडम के प्रतिष्ठित गणितज्ञों को पत्र लिखना शुरू किया, क्योंकि उन दिनों भारत, एक ब्रिटिश उपनिवेश था। अपने सिद्धांतों को दर्शाने के उनके आरंभिक प्रयासों को यह कहकर अस्वीकार कर दिया गया कि उनमें परिश्रम का अभाव झलकता था और कुछ अन्य मामलों में उन्हें धोखेबाज़ समझा गया, क्योंकि पत्रों के साथ भेजे गए पन्नों पर जो गणितीय परिणाम दिखाए गए थे, वे इतने असाधारण थे कि यह विश्वास करना मुश्किल था कि उन्हें किसी युवा व्यक्ति ने तैयार किया था।

परंतु रामानुजन निराश नहीं हुए। जब उनका एक पत्र जीएच हार्डी को मिला, तो प्रोफ़ेसर ने रामानुजन की प्रतिभा को पहचान लिया।

रामानुजन ने नौ पन्नों का पत्र लिखा था। उसकी शुरुआत इस प्रकार हुई :

महोदय,

मैं मद्रास स्थित पोर्ट ट्रस्ट कार्यालय के लेखा विभाग में बतौर क्लर्क काम करता हूँ। मेरा वेतन मात्र £20 प्रति वर्ष है। मैं लगभग 23 वर्ष का हूँ। मैंने विश्वविद्यालय से कोई औपचारिक शिक्षा प्राप्त नहीं की है, लेकिन मैंने स्कूल का सामान्य पाठ्यक्रम पूरा किया है। स्कूल छोड़ने के बाद, मैं अपने ख़ाली समय का उपयोग गणित में काम करने में लगाता हूँ। मैंने विश्वविद्यालय के पारंपरिक नियमित

> *पाठ्यक्रम का अध्ययन नहीं किया, बल्कि मैं अपने लिए एक नया रास्ता बना रहा हूँ। मैंने सामान्य अपसारी श्रेणियों की विशेष जाँच की है और मुझे जो परिणाम मिले हैं, उन्हें स्थानीय गणितज्ञों ने 'चौंकाने वाले' कहा है।*

पत्र का शेष भाग अनेक गणितीय खोजों से भरा है, किंतु उन्होंने कोई प्रमाण नहीं दिए। इसके बावजूद, पत्र में दर्शाए गए परिणाम इतने आश्चर्यजनक थे कि जीएच हार्डी ने रामानुजन को अपने साथ काम करने के लिए लंदन बुलाने का फ़ैसला किया।

रामानुजन को वह निमंत्रण अस्वीकार करना पड़ा, क्योंकि उनकी माँ ने उन्हें जाने से मना कर दिया। इसके बावजूद, हार्डी ने हठ नहीं छोड़ी और मद्रास में पढ़ाने वाले एक अँग्रेज़ गणितज्ञ से रामानुजन का मार्गदर्शक बनने और उन्हें लंदन आने के लिए मनाने का प्रयास करने को कहा।

एक दिन, रामानुजन की माँ ने स्वप्न देखा, जिसमें उनके परिवार की एक महत्त्वपूर्ण हिंदू देवी - देवी नामगिरि थायर - प्रकट हुईं और उनसे 'अपने पुत्र और उसके जीवन के उद्देश्य की पूर्ति के बीच' बाधा न बनने को कहा। यह स्पष्ट संदेश पाकर रामानुजन की माँ ने अपने बेटे को इंग्लैंड जाने की अनुमति दे दी।

अंततः 1914 में रामानुजन लंदन चले गए। उन्होंने कई वर्षों तक जीएच हार्डी के साथ काम किया और लंदन मैथमेटिकल सोसायटी और रॉयल सोसाइटी के सदस्य बने, जो विज्ञान की प्रगति के लिए बनी सोसायटी थी और जिसके सदस्यों में आइज़ैक न्यूटन, चार्ल्स डार्विन और ऐल्बर्ट आइंस्टाइन जैसे लोग शामिल थे।

तपेदिक से पीड़ित होने के बाद रामानुजन 1919 में मद्रास लौट आये और 1920 में मात्र 32 वर्ष की आयु में उनकी मृत्यु हो गयी।

सौ साल बाद भी रामनुजन की विरासत, गणित की उन्नति में योगदान दे रही है। उदाहरण के तौर पर, 1990 के दशक में, एंड्रयू विल्स ने फ़र्मेट के अंतिम प्रमेय को सिद्ध करने के लिए, रामानुजन द्वारा खोजे गए सर्वांगसमता पर आधारित गैल्वा सिद्धांत का इस्तेमाल किया था।

रामानुजन से प्रतिभा की सीख

रामानुजन की असाधारण प्रतिभा हमें उन युवा भारतीयों के बारे में सोचने पर विवश करती है, जिन्हें मुंबई का वह उद्यमी, जो वंचितों को शिक्षित करने के लिए समर्पित हो गया था, दुनिया के सामने लाना चाहता है, ताकि वे भी जीवन में प्रगति कर सकें। इस युवा गणितज्ञ की कहानी में कई ऐसी बातें हैं, जिन्हें हम अपने दैनिक जीवन में लागू कर सकते हैं।

- *यूट्यूब ट्यूटोरियल के युग में स्व-शिक्षा और स्वतंत्र अध्ययन आम बात है, जो आपको अलग तरीक़े से चिंतन करने और अलग-अलग विचारों को सामने लाने में मदद करते हैं।* चूँकि रामानुजन को अकादमिक प्रशिक्षण प्राप्त नहीं था, शायद इसीलिए उन्होंने गणित में कई ऐसी चीज़ें खोज निकालीं, जिनके बारे में उस समय किसी ने सोचा तक नहीं था। बहुमुखी कलाकार जीन कोक्ट्यू का कहना है कि रामानुजन वह सब इसलिए कर पाए, क्योंकि उन्हें यह पता नहीं था कि ऐसा किया नहीं जा सकता।

- *एक किताब आपकी ज़िंदगी को हमेशा के लिए बदल सकती है।* त्रिकोणमिति की वह किताब, जो बचपन में रामानुजन के हाथ आ गई थी, उसी ने उनके इकिगाई या कहें, जीवन उद्देश्य की चिंगारी को पहली बार प्रज्ज्वलित

किया था। अभी आपके नाइटस्टैंड पर कौन-सी किताब रखी है? यह आपके नए जीवन के बारे में आपको क्या संकेत दे सकती है?

- *आपके अंदर प्रतिभा है, जो बाहर आना चाहती है।* यदि रामानुजन को गणित की किताबें नहीं मिलतीं, तो क्या होता? समाज कभी-कभी उन लोगों के साथ अन्याय और कठोर व्यवहार कर बैठता है, जो लगभग हर काम में ख़राब होते हैं, लेकिन किसी एक क्षेत्र में वे बहुत प्रतिभावान होते हैं। यदि आप माता-पिता या शिक्षक हैं, या प्रभावशाली पद पर हैं, तो उन लोगों के अंदर छिपी हुई प्रतिभा को बाहर निकालने की कोशिश करें, जिन्हें शायद यह पता ही न हो कि उनमें कोई प्रतिभा मौजूद है। और यही अपने साथ भी करना न भूलें।

- *सदा विनम्र रहें।* भले ही रामानुजन को पता था कि वे गणित में बहुत अच्छे हैं, लेकिन उन्होंने अपने क्षेत्र के सर्वश्रेष्ठ लोगों के सामने छात्र की तरह व्यवहार किया और उनसे मार्गदर्शन प्राप्त करते रहे। आप चाहे कितने भी प्रतिभावान क्यों न हो, लेकिन आपको उन लोगों पर भरोसा करना चाहिए, जो आपसे ज़्यादा जानते हैं या जिनके पास दृष्टिकोण देने वाला वह अनुभव है, जो आपके पास अभी नहीं है।

- *संपर्क करने का साहस जुटाएँ।* आप जिसके प्रशंसक हैं, उसकी प्रसिद्धि की चिंता न करें। यदि वे आपको सही मार्गदर्शन दे सकते हैं, तो उनसे संपर्क साधने का प्रयास अवश्य करना चाहिए। सही व्यक्ति या संस्था को लिखा एक पत्र, एक ईमेल या कोई भी संदेश आपके जीवन की

दिशा को हमेशा के लिए बदल सकता है। यदि पहली बार में असफलता मिले, तो हिम्मत न हारें। कभी-कभी आपको प्रवेश पाने के लिए एक दरवाज़े को कई बार या फिर कई दरवाज़ों को खटखटाना पड़ता है। एक बात तय है कि यदि आप प्रयास नहीं करेंगे, तो सब कुछ पहले जैसा ही चलता रहेगा।

सर्फ़बोर्ड पर संदेश

वेलेंसिया (स्पेन) में एक वार्ता के दौरान हमारी मुलाक़ात एक महिला से हुई, जिसने हमें अपने बेटे के उल्लेखनीय साहसिक कार्य के बारे में बताया।

वह बचपन से जल-क्रीड़ा के प्रति जुनूनी था और इस कारण उसे लंदन के सर्वश्रेष्ठ जल-क्रीड़ा स्टोर में नौकरी मिल गई। वह व्यवसाय, दुनिया-भर में रिसॉर्ट और क्लबों को सेवाएँ प्रदान करता था और वर्जिन के संस्थापक रिचर्ड ब्रैनसन उसके चुनिंदा ग्राहकों में से एक थे। ब्रैनसन, नेकर द्वीप पर रहते थे, जहाँ अट्ठाइस लोगों के लिए आलीशान आवास की व्यवस्था थी और जहाँ उन्होंने बराक ओबामा के राष्ट्रपति पद के थका देने वाले दो कार्यकालों के पूरा हो जाने पर बराक और मिशेल ओबामा की मेज़बानी की थी। गूगल के सह-संस्थापक लैरी पेज़ ने भी नेकर द्वीप पर ही विवाह किया था।

इन कहानियों को सुनकर वह युवक ब्रैनसन का प्रशंसक बन गया और उसके निजी द्वीप पर जल-क्रीड़ा

प्रशिक्षक के रूप में काम करने का सपना देखने लगा। जल-क्रीड़ा स्टोर से ब्रैनसन को ऑर्डर भेजने की तैयारी करते हुए उसने सर्फ़बोर्ड पर अँग्रेज़ उद्यमी को एक पत्र छिपाकर भेजने का फ़ैसला किया। उसने पत्र में उस उद्यमी के लिए काम करने की अपनी इच्छा को व्यक्त किया था।

उसे बहुत आश्चर्य हुआ, जब कुछ सप्ताह बाद उसे ब्रैनसन का ईमेल मिला, जिसमें ब्रैनसन ने उसे साक्षात्कार के लिए अपने द्वीप पर आने को कहा था। उसे अवश्य युवक का व्यवहार पसंद आया होगा, क्योंकि वर्जिन के संस्थापक की एक कहावत है, ''यदि आपको अपने सपनों से डर नहीं लगता, तो वे बहुत छोटे हैं।''

वेलेंसिया के उस युवक को उस महान उद्यमी तथा उसके आगंतुकों के लिए बतौर प्रशिक्षक काम पर रख लिया गया। उसने कई साल ब्रैनसन के साथ मिलकर द्वीप पर काम किया और फिर वह दुनिया के अन्य रिसॉर्ट्स में काम करने के लिए नई रोमांचक यात्रा पर निकल गया।

सत्य नडेला, माइक्रोसॉफ़्ट के सीईओ

सत्य नडेला के उदाहरण पर विचार किए बिना भारतीय तकनीकी अग्रदूतों पर बात करना असंभव है।

1967 में जन्मे, संस्कृत के एक प्रोफ़ेसर और एक भारतीय नौकरशाह के पुत्र, नडेला 1988 में संयुक्त राज्य अमेरिका चले गए थे। उन्होंने विस्कॉन्सिन-मिल्वौकी विश्वविद्यालय से कंप्यूटर विज्ञान में डिग्री हासिल

की और 1992 में माइक्रोसॉफ़्ट के लिए काम करना आरंभ किया। वे माइक्रोसॉफ़्ट में पद पाने वाले पहले तीस भारतीय प्रवासियों में से एक बने।

माइक्रोसॉफ़्ट में आने के बाइस साल बाद, छियालीस साल की आयु में, बिल गेट्स और स्टीव बाल्मर ने उन्हें सीईओ नियुक्त किया।

2014 में जब से नडेला ने माइक्रोसॉफ़्ट की कमान सँभाली, कंपनी के शेयर का मूल्य कई गुना बढ़ गया और 2022 में बाज़ार में इसका पूंजीकरण मूल्य, ऐपल के बाद दूसरे स्थान पर था।

नडेला और माइक्रोसॉफ़्ट का इकिगाई

सीईओ नियुक्त होने के बाद नडेला ने सभी कर्मचारियों को भेजे अपने पहले ईमेल में, अपने जीवन के मूल भाव या कहें, मार्गदर्शक सिद्धांत को स्पष्ट कर दिया था। उन्होंने कंपनी के सामान्य उद्देश्य को भी स्पष्ट रूप से बताया, हालाँकि उन्होंने 'इकिगाई' शब्द का इस्तेमाल नहीं किया, किंतु उन्होंने अपनी व्यक्तिगत इकिगाई और सामान्य रूप से कंपनी के साथ-साथ वहाँ के सभी कर्मचारियों की इकिगाई को भी स्पष्ट रूप से परिभाषित कर दिया।

उन्होंने ईमेल की शुरुआत अपने निजी उद्देश्य को बताते हुए की थी; ''मैं मूल रूप से मानता हूँ, यदि आप कुछ नया नहीं सीख रहे, तो आप कोई महान और उपयोगी कार्य नहीं कर सकते। इसलिए परिवार, जिज्ञासा और ज्ञान की भूख, ये सब चीज़ें मुझे परिभाषित करती हैं।''

ईमेल में माइक्रोसॉफ़्ट का उद्देश्य भी स्पष्ट किया गया था :

''ऑस्कर वाइल्ड के एक कथन का आशय यह है - हमें असंभव पर विश्वास करना और असंभाव्य को दूर करना सीखना चाहिए। इसका आरंभ उद्देश्य की स्पष्टता और अभियान के भाव से होता है, जो हमें असंभव की कल्पना करने और उसे पूरा करने के लिए प्रेरित करेगा।''

अंत में उन्होंने इस बात पर ज़ोर दिया कि प्रत्येक व्यक्ति को अपने दैनिक कार्यों में अपना उद्देश्य ढूँढना चाहिए।

''अंत में, मेरा ऐसा मानना है कि हम सबको अपने-अपने काम में अर्थ तलाशने का प्रयास करना चाहिए। सर्वोत्तम कार्य तब हो पाता है, जब आप यह समझ लेते हैं कि यह सिर्फ़ एक काम नहीं है, बल्कि कुछ ऐसा है, जो दूसरों के जीवन को बेहतर बनाएगा।''

अपने पहले ईमेल के इस अंश में, जहाँ उन्होंने 'अन्य लोगों के जीवन को बेहतर बनाने' के महत्त्व पर जोर दिया था, नडेला ने इकिगाई के चौथे चक्र का स्पष्ट संकेत दिया, ''दुनिया को किस चीज़ की आवश्यकता है।''

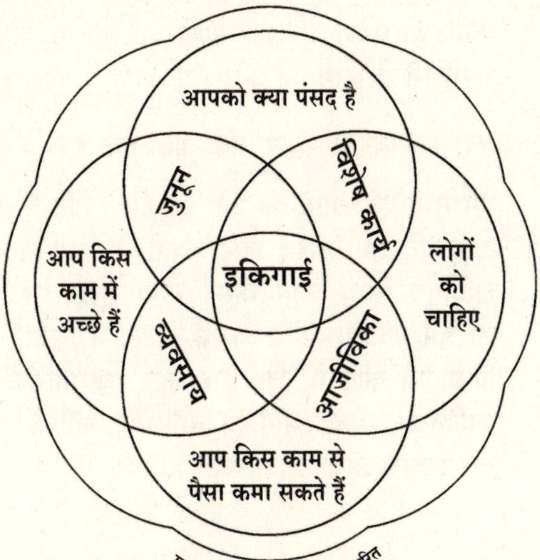

मार्क विन के रेखाचित्र पर आधारित

माइक्रोसॉफ़्ट में नियुक्ति पाने की दो आवश्यक शर्तें

जब नडेला ने कंपनी की कमान सँभाली, तो उन्होंने कुछ ऐसी शर्तें तय कीं, जिन्हें आंतरिक रूप से 'नडेला की अनिवार्यता' के नाम से जाना जाता है। किसी को काम पर रखने से पहले ये दो शर्तें हैं, जिन्हें सीईओ ज़रूरी मानते हैं :

1. *क्या यह व्यक्ति काम में स्पष्टता ला सकता है?*

   किसी टीम के लिए सबसे बुरी बात यह है कि उसमें कोई ऐसा सदस्य हो, जो वैसे तो बहुत बुद्धिमान और सक्षम है, किंतु वह अपने कार्य से टीम में केवल भ्रम पैदा करता है। सबसे अच्छे प्रत्याशी वही होते हैं, जो अपनी भागीदारी से काम को और स्पष्ट करने में मदद करते हैं।

2. *क्या यह व्यक्ति सकारात्मक ऊर्जा देता है?*

   हम सभी ऐसे लोगों की ओर आकर्षित होते हैं, जिनकी उपस्थिति हमें ऊर्जा प्रदान करती है। इसी तरह, ऐसे लोगों के साथ काम करना कभी सुखद नहीं होता, जो हमें नकारात्मक ऊर्जा के बादल में लपेट लेते हैं। किसी भी कार्य में, चाहे वह कार्य व्यवसायिक हो या व्यक्तिगत, अच्छे भागीदार वही माने जाते हैं, जो हमें सकारात्मक ऊर्जा प्रदान करते हैं।

अजय वी. भट्ट : यूएसबी के सह–आविष्कारक

भारत में जन्मे अजय वी. भट्ट ने 1990 में संयुक्त राज्य अमेरिका जाने के बाद इंटेल कंपनी में कार्य आरंभ किया। इस बहुराष्ट्रीय कंपनी में अपने पच्चीस से अधिक वर्षों के कार्यकाल के दौरान उन्होंने सौ से अधिक आविष्कारों को पेटेंट कराया। उनमें से एक है यूएसबी प्लग, जिसका उपयोग आज दुनिया-भर में अधिकतर इलेक्ट्रॉनिक उपकरणों में किया जाता है।

आजकल हर जगह प्रयोग किए जाने वाले इस आविष्कार की उत्पत्ति के बारे में जानना रोचक है।

1990 के दशक के आरंभ में, भट्ट की पत्नी अपने बेटे का होमवर्क प्रिंट करना चाहती थी, लेकिन वह ऐसा नहीं कर पाई, क्योंकि उनके पास अपने नए कंप्यूटर के लिए उपयुक्त तार नहीं था। भट्ट ने अपनी पत्नी को निराश देखा, तो उन्हें यह एहसास हुआ कि यह केवल उनकी समस्या नहीं थी, प्रिंटर केबल से हर कोई परेशान था।

यही वह चिंगारी थी, जिसने भट्ट की रचनात्मकता को प्रज्ज्वलित किया और उन्हें उस टीम का नेतृत्व करने के लिए प्रेरित किया, जिसने यूएसबी के सर्वप्रथम विनिर्देशों को बनाया था; यूनिवर्सल सीरियल बस। इसका उद्देश्य यह था कि एक ऐसा तार बनाया जाए, जिसे किसी भी प्रकार के प्रिंटर के साथ इस्तेमाल किया जा सके।

इस टीम द्वारा निर्मित उत्पाद का प्रयोग 1996 में व्यावसायिक रूप से आरंभ किया गया और समय के साथ, यह न केवल प्रिंटरों के लिए, अपितु लगभग हर प्रकार के इलेक्ट्रॉनिक उपकरण को जोड़ने के लिए मानक केबल बन गया।

भट्ट द्वारा अपने परिवार की प्रिंटर संबंधी रोज़मर्रा समस्या को हल करने के लिए किए गए दृढ़ संकल्प के ही कारण वह केबल बन पाया, जिससे हम आज अपने सेल फ़ोन चार्ज करते हैं।

अन्य भारतीय तकनीकी अग्रदूत

रामानुजन की सहज प्रतिभा के बाद से, गणित और कंप्यूटर प्रोग्रामिंग के क्षेत्र में भारत का प्रभाव इतना व्यापक हो गया है कि इस पर एक पूरी किताब लिखी जा सकती है। शांतनु नारायण, ऐपल के लिए अनेक वर्षों तक काम करने के बाद 2007 से एडोब के सीईओ हैं। अजय सिंह बाँगा हाल तक मास्टरकार्ड के सीईओ थे और 2023 से विश्व बैंक के प्रमुख हैं, और राजीव सूरी 2014 से 2020 तक नोकिया के सीईओ रहे। वर्तमान में वे डिजिसेल ग्रुप के चेयरमैन हैं।

तकनीकी गुरुओं पर इस अध्याय को पूरा करने के लिए हम कुछ और लोगों के काम पर प्रकाश डालेंगे।

- **अरविंद कृष्ण : आईबीएम के सीईओ।** भारत में जन्मे अरविंद ने संयुक्त राज्य अमेरिका जाने से पहले कानपुर इंस्टीट्यूट ऑफ़ टेक्नोलॉजी में अध्ययन किया। 1990 में उन्होंने आईबीएम में काम करना शुरू किया, और कई वर्षों तक आईबीएम रिसर्च में, जहाँ उन्होंने कई पेटेंट बनाए, काम करने के बाद, वे कंपनी के पहले वरिष्ठ उपाध्यक्ष और फिर सीईओ और प्रेसिडेंट बने।
- **सुंदर पिचाई: गूगल और अल्फ़ाबेट के सीईओ।** पिचाई का जन्म मद्रास में हुआ था और वे स्टैनफ़ोर्ड यूनिवर्सिटी में पढ़ने के लिए अमेरिका चले गए। स्नातक

होने के बाद उनकी पहली नौकरी मैटेरियल इंजीनियर के रूप में थी और उन्होंने 2004 में गूगल में काम करना आरंभ किया। इस बहुराष्ट्रीय कंपनी में केवल ग्यारह साल काम करने के बाद, 2015 में उन्हें सीईओ नियुक्त किया गया। टाइम पत्रिका ने उन्हें दो बार दुनिया के सौ सबसे प्रभावशाली लोगों में शामिल किया है।

जुगाड़

इस अध्याय में वर्णित लोगों के अंदर समस्याओं को सुलझाने की विशेष क्षमता होती है। जहाँ अन्य लोग केवल बाधाएँ देख पाते हैं, ये लोग उस समस्या के नए समाधान खोज निकालते हैं। इसका रहस्य क्या है?

एक अनिवार्य शब्द है, जिसमें इसका उत्तर छिपा है।

भारतीय संस्कृति के रहस्यों को जानने की खोज में, हमें जुगाड़ की अवधारणा के विषय में पता चला। यह बोलचाल का हिंदी शब्द, उन रचनात्मक समाधानों को दर्शाता है, जिनके लिए हम कम से कम संसाधनों का प्रयोग करते हैं और प्राय: जो कुछ हमारे पास होता है, उसी से काम चलाते हैं।

एक सरल उदाहरण : यदि कोई मेज़ हिलता है, तो इसका तात्कालिक समाधान यह हो सकता है कि मेज़ के सबसे छोटे पाये के नीचे काग़ज़ का टुकड़ा मोड़कर फँसा दिया जाए।

जब हमारा सामना किसी नई समस्या से होता है, तो हम कभी-कभी संभावित समाधानों पर विचार करते हुए अटक जाते हैं और यही बात हमें समाधान करने से रोकती है। इसे आम तौर पर विश्लेषण पक्षाघात कहा जाता है।

इससे बचने का एक तरीक़ा यह है कि हमें समस्या का अस्थायी, त्वरित और सरल समाधान चुन लेना चाहिए। यह जुगाड़ वाला समाधान, हमें क्षणिक तौर पर प्रेरणा देगा, जिससे हम आगे और सुधार कर पाएँगे।

अन्य भाषाओं में जुगाड़ के समानार्थी शब्द :

- *हैक* (अँग्रेज़ी): इंजीनियरिंग में, इस तरीक़े का इस्तेमाल जटिल समस्याओं के सरल और रचनात्मक समाधानों को दर्शाने के लिए किया जाता है। आपकी समस्या का सबसे सरल, संभव समाधान क्या है?
- *चपुजा* (स्पेनिश): चपुजा एक 'त्वरित और भद्दा' शब्द है और सुनने में घृणित लगता है, लेकिन यदि गुलाबी चश्मे से देखा जाए तो एक 'अच्छा' चपुजा, पक्षाघात से बाहर आने का प्रभावशाली रास्ता हो सकता है, बशर्ते बाद में हमें समस्या का कोई निश्चित समाधान मिल जाए।
- *उरावज़ा* (जापानी): इसका अर्थ है, 'गुप्त तकनीक' और इसका प्रयोग कला तथा इंजीनियरिंग के साथ-साथ रोज़मर्रा की ज़िंदगी में भी किया जाता है।

यदि हम जुगाड़ की भारतीय अवधारणा को जापानी *काइज़ेन* (निरंतर सुधार) के साथ मिला दें, जिसे हमने इकिगाई में विस्तार से बताया है, तो हम निम्नलिखित तरीक़े से किसी भी समस्या का सामना और समाधान कर सकते हैं :

अस्थायी रूप से समस्या को हल करने के लिए जुगाड़ का प्रयोग करें।

↓

अस्थायी समाधान में धीरे-धीरे सुधार लाने के लिए काइज़ेन का प्रयोग करें।

↓

स्थायी या लगभग स्थायी समाधान; हम इसमें निरंतर सुधार कर सकते हैं।

समस्या पर विचार करने और आदर्श रास्ता तलाश करने के बजाय, जीवन की बाधाओं का सामना करने का सबसे अच्छा तरीक़ा जुगाड़ निकालना होता है। इस शक्तिशाली संसाधन को सक्रिय करने के लिए हमें इस प्रश्न का उत्तर देना होगा; ऐसा कौन-सा त्वरित समाधान है, जिसे मैं आज अपना सकता हूँ?

एक बार हमारे पास जुगाड़ समाधान या कोई ऐसा उपाय मिल जाए जो काम कर जाता है, तो हमारा आत्मविश्वास बढ़ जाएगा और आगे बढ़ने में सक्षम होंगे।

जुगाड़ के तरीक़े को जीवन के कई क्षेत्रों पर लागू किया जा सकता है। उदाहरण के लिए, कोई गाना लिखना हो, तो हम एक साधारण-सी धुन या चार कॉर्ड्स के साथ शुरुआत कर सकते हैं, ब्लॉग का एक लेख लिखने के लिए, हम एक ड्राफ़्ट से शुरु कर सकते हैं, किसी नए प्रोजेक्ट के लिए, हम एक या दो विचारों के साथ आरंभ करके फिर वहीं से आगे बढ़ सकते हैं।

असल बात आगे बढ़ना और व्यावहारिक होना है। कहते हैं, 'जो कुछ पूर्ण है, वह अच्छाई का दुश्मन है।' जापानी चिकित्सक शोमा मोरीता का कहना है, ''जितना हो सके, बेहतरीन अधूरा व्यक्ति बनने का प्रयास कीजिए।''

ॐ : एक पवित्र अक्षर

ॐ या ओम, जैसा कि इसे कभी-कभी लिखकर व्यक्त किया जाता है, ब्रह्मांड की ध्वनि का प्रतिनिधित्व करता है, और इसलिए यह सर्वव्यापी है। आधुनिक खगोल भौतिकी के संदर्भ में, ॐ को बिग बैंग से जोड़कर देखा जा सकता है, जो अनंत तक फैलकर फिर सिकुड़ जाता है, जैसे दिव्य श्वसन।

साथ ही, यह हमारी अपनी श्वास की ओर भी संकेत करता है, जो हमें जीवन के साथ से जोड़ती है और अन्य लोगों को प्रभावित करने वाले शब्द, प्रेम और तरंगों को उत्सर्जित करती है। भारतीय आध्यात्मिक गुरु, अमित रे के अनुसार, यह महत्त्वपूर्ण नहीं है कि हम कितना जीते हैं या कितना पैसा कमाते हैं या हम प्रसिद्ध हैं अथवा नहीं। हमारे बाद हमारे द्वारा इस जीवन में उत्पन्न सकारात्मक तरंगे शेष रह जाती हैं।

इस पवित्र ॐ के दस से अधिक संभावित अनुवाद हैं, जिनमें से एक है, ''दैवी जगत में आपका स्वागत है।''

संपूर्ण ब्रह्मांड

सृष्टिकर्ता ब्रह्मा का प्रतीक और ब्रह्मांड का स्रोत कहा जाने वाला ओम, जिसे ॐ अक्षर या ओंकार के रूप में भी जाना जाता है, हिंदू और बौद्ध धर्म में सबसे शक्तिशाली ध्वनि मानी गई है।

चूंकि ॐ को शरीर एवं आत्मा को एकीकृत करने वाला माना गया है और कहते हैं कि यही वह तरंग है, जिसमें से अन्य सभी ध्वनियाँ जन्म पाती हैं, इसलिए कोई भी रहस्यमय मंत्र ॐ के बिना पूरा नहीं हो सकता।

ॐ में इतनी शक्ति है कि अनेक आध्यात्मिक गुरुओं का मानना है कि इसका कंपन, मनुष्य की ग़लतियों को मिटाता और कर्मों को शुद्ध कर देता है और ध्यान विशेषज्ञ बनानी रे कहती हैं कि इससे आध्यात्मिक मुक्ति का मार्ग प्रशस्त होता है।

महान आध्यात्मिक गुरु परमहंस योगानंद का मानना है कि भूत, वर्तमान और भविष्य समेत चेतना की समस्त अवस्थाएँ, ॐ के माध्यम से यात्रा करती हैं और अंततः मौन की शांति को प्राप्त होती हैं।

भारत में, ब्रह्मांड को चलाने वाले त्रिदेव : ब्रह्मा, विष्णु और शिव का आह्वान करने के लिए इस मंत्र को तीन बार दोहराया जाता है। त्रिदेव और रचनात्मक ध्वनि की अवधारणा, अन्य धर्मों में भी पाई जाती है, जो पवित्रता में अपनी आस्था की पुष्टि व्यक्त करने के लिए 'आमीन', 'एमिन' या 'हम' कहते हैं।

(ॐ)

लोकप्रिय टैटू एक ध्वनि है

ॐ या ओम को दृष्टिगत रूप से पाँच भागों से बने प्रतीक के रूप में व्यक्त किया जाता है : दो स्ट्रोक से '3' की आकृति बनती है, जिसे दाईं ओर तीसरे अर्धवृत्ताकार स्ट्रोक और '3' के शीर्ष पर एक स्ट्रोक और उस पर एक बिंदु बनाकर पूरा किया जाता है।

यह प्रतीक कई प्रसिद्ध अभिनेताओं और संगीतकारों का मनपसंद टैटू है। अपनी त्वचा पर ॐ का प्रतीक गुदवाकर वे एक तरह से चेतन अवस्था का आह्वान करते हैं :

- 3 का निचला स्ट्रोक, *जागृत मन* का प्रतिनिधित्व करता है, जब हमारी इंद्रियाँ सब कुछ देख सकती हैं।
- 3 का ऊपरी स्ट्रोक *जागृति* और *नींद* के बीच की अवस्था को दर्शाता है, जब मन सक्रिय होता है।
- अर्धवृत्ताकार स्ट्रोक से दर्शाया गया सुप्त मन, चेतना की तीसरी अवस्था *गहन निद्रा* एवं शून्य मानसिक अनुभूति का प्रतीक है।
- बिंदु, चेतना की चौथी अवस्था है, जो *मानसिक शांति, स्थिरता और आनंद का प्रतिनिधित्व* करती है। यह ध्यान के माध्यम से प्राप्त की गई अवस्था है, जहाँ ॐ, मौन और वियोग का प्रतीक है।
- आख़िर में, बिंदु के नीचे की क्षैतिज रेखा *अज्ञानता* को दर्शाती है, जो हमें मौन ॐ के आनंद तक पहुँचने से रोकती है। यह आसक्ति, पीड़ा और मन के कारण उत्पन्न भ्रम अथवा माया का प्रतीक है।

मंत्रों के इस राजा की शक्ति को जीवंत करने के लिए, तीन ध्वनियों का उच्चारण सही ढंग से किया जाना चाहिए :

- 'आ', ब्रह्मांडीय सृजनात्मकता का उच्चारण संक्षिप्त रूप से किया जाता है तथा यह ध्यान के दौरान सबसे ऊँचा स्वर है।

- ऊ, मध्यम स्वर में लंबे समय तक संतुलन क़ायम रखा जाता है।
- म, अर्थात विलयन, गहरे स्वर में हुम जैसी गुँजन की भाँति हमें सार्वभौमिक चक्र के आरंभ में वापस ले जाता है।

मंत्र : मन के रक्षक

संस्कृत में, *मंत्र,* दो शब्दों *मनस्* (सुरक्षा) और *त्रम* (मन) का संयोजन है। मंत्र दोहराए जाते हैं और ये आत्मा की देखभाल और उसे पुष्ट करते हैं तथा मुक्ति के लिए निजी पीड़ा हरण औषधि का कार्य करते हैं।

अपनी आवाज़ को मंत्र के साथ प्रतिध्वनित करना हमें पुनः ऊर्जान्वित करता है। तिब्बती भिक्षुओं का कहना है कि यह बुद्ध या बोधिसत्व से मिलने के समान है।

जिस प्रकार बाड़, खेत को पशुओं द्वारा रौंदे जाने से बचाती है, उसी प्रकार मंत्र, मन को बाहरी प्रलोभनों से बचाता है।

हम इस किताब के दूसरे भाग में देखेंगे कि किस तरह हिंदू और बौद्ध दोनों ही धर्मों में, मंत्र आस्था में डूबे हुए हैं, चाहे वह आस्था ईश्वर के प्रति हो या फिर निर्वाण की खोज के लिए। चूँकि मंत्र केवल अवधारणा के स्तर तक सीमित नहीं हैं, इसलिए उनसे आत्मा को मिलने वाले लाभ अत्यंत शुद्ध होते हैं। वे विचारों से होकर नहीं गुज़रते।

मंत्रों में ॐ, बीज मंत्र है, जिससे प्रार्थना और एकाग्रता उत्पन्न होती है। ॐ का रहस्यमयी जाप अपने भीतर झाँकने और ध्यान केंद्रित करने में हमारी सहायता करता है। यह *धारणि* है, जिसे संस्कृत में शांति और आनंद की स्थिति के रूप में वर्णित किया गया है।

पवित्र ग्रंथ वेदों के बाद प्राप्त हुए पुराणों के मिथक हमें बताते हैं कि ॐ द्वारा सृष्टि की सभी अभिव्यक्तियाँ एक साथ आ जाती हैं, जिसे ब्रह्मांड की ध्वनि के रूप में अभिव्यक्त किया जाता है और उसकी आकृति जन्म देने वाली एक माँ की तरह होती है।

ॐ का उच्चारण करने पर ध्वनि और वायु, शरीर तथा मन को प्रकंपनित करती है।

बौद्ध धर्म का सबसे प्रसिद्ध मंत्र, ओम् मणि पद्मे हुम है। इसके छह अक्षर, करुणा के बोधिसत्व को दर्शाते हैं, जिन्हें संस्कृत में अवलोकितेश्वर और तिब्बती भाषा में चेनरेज़िग कहा जाता है। इस मंत्र का शाब्दिक अर्थ है – 'कमल के भीतर रत्न' – और यह बौद्ध अस्तित्व के छह प्रदेशों से गुज़रने से प्राप्त हुई शुद्धि की भावना को व्यक्त करता है : आनंद (ओम्) गर्व को कुचलता है, धैर्य (म) ईर्ष्या को रोकता है, अनुशासन (णि) जुनून को शांत करता है, ज्ञान (पद्) मूर्खता का प्रतिकार करता है, उदारता (मे) संपत्ति की इच्छा को मिटाती है और परिश्रम (हुम) हिंसा और घृणा को दूर करता है।

जेडी मंत्र

स्टार वार्स के प्रशंसक, शायद उस मंत्र से परिचित हों, जिसे निर्देशक जॉर्ज लुकास ने इस कहानी के लिए तैयार किया था। वे बौद्ध धर्म से प्रभावित हैं। स्टार वार्स की दुनिया में, जेडी की ध्यान पद्धति में, ओम मणि पद्मे हुम मंत्र भी शामिल है।

जेडी ईमानदारी से जीने को बढ़ावा देते हैं, जो बौद्ध धर्म के अष्टांग मार्ग की एक आवश्यकता है। जब एनाकिन

स्काईवॉकर, मौत के डर से अपनी पवित्रता और करुणा खो देता है, तो वह मार्ग से भटक जाता है और डार्थ वाडर बन जाता है।

स्टार वार्स फ़िल्मों के कई कट्टर प्रशंसक, भीतरी शांति पाने के लिए ध्यान की ओर मुड़े हैं, जो ल्यूक स्काईवॉकर और विशेष रूप से योदा जैसे पात्रों द्वारा अभिव्यक्त उपदेशों और विचारों से प्रेरित है और जो जेडी को भय, क्रोध और अनियंत्रित इच्छा से मुक्ति में मार्गदर्शन प्रदान करते हैं।

आजकल, जेडी चर्च के अनुयायियों की संख्या पूरे विश्व में बहुत अधिक है।

ध्यान का आनंद

ऐसे कई उत्सव और परीक्षण हैं, जिनमें घंटों तक ॐ का जाप करने की क्षमता को दर्ज किया जाता है, लेकिन इस तरह का अभ्यास, उस सच्चे आत्मनिरीक्षण से बिलकुल दूर है, जिस ओर यह पवित्र शब्द हमें ले जाता है।

ॐ की पुनर्योजी और सृजनात्मक ध्वनि, कोई उपचार पद्धति नहीं है, अपितु यह चेतना की उच्चतम अवस्था को प्राप्त करने का माध्यम है।

फिर भी, विज्ञान ने इस बात का अध्ययन किया है कि इस ध्वनि के वाचिक अभ्यास का मस्तिष्क पर क्या प्रभाव पड़ता है। ॐ के जाप के एक शुरुआती अध्ययन से पता चला है कि इस ध्वनि का कंपन मस्तिष्क के लिंबिक तंत्र को निष्क्रिय कर देता है, जिसके परिणामस्वरूप मस्तिष्क

के एमिग्डाला और हिप्पोकैम्पस अंग शिथिल हो जाते हैं। ये अंग तनाव की स्थिति उत्पन्न होने पर अवसाद और चिंता पैदा करते हैं।

इस कारण से, ॐ का जाप करते हुए ध्यान करना, एक महत्त्वपूर्ण तंत्रिका-नियामक प्रक्रिया है।

ध्वनि की उपचारात्मक शक्ति

ॐ, एशिया की एकमात्र उपचारात्मक ध्वनि नहीं है। 480 ईसा पूर्व से, पूर्वी चिकित्सा पद्धति में तिब्बती गायन कटोरे के 'स्वर' शामिल है। आकाशीय पिंडों से जुड़ी सात धातुओं (सीसा: शनि; सोना: सूर्य; चाँदी: चंद्रमा; तांबा: शुक्र; लोहा: मंगल; पारा: बुध; टिन: बृहस्पति) के मिश्रित धातु से बने ये कटोरे, एकाग्रता को दृढ़ करने के लिए ॐ मंत्र के स्वर के साथ कंपन करते हैं।

पारंपरिक चीनी चिकित्सा भी चीगोंग की छह उपचारात्मक ध्वनियों की तकनीक इस्तेमाल करने की सलाह देती है। ऊर्जा संतुलन को फिर से स्थापित करने के उद्देश्य से, जू, हे, हू, सी, चुई और शी शरीर के अंगों और उनसे जुड़ी भावनाओं में गुँजायमान होते हैं।

कई योग साधक ज़ोर देते हैं कि ॐ मंत्र के अनेक लाभ हैं, उनमें से कुछ इस प्रकार हैं :

- यह शरीर से विषाक्त पदार्थों को बाहर निकालता है और हार्मोन एवं प्रतिरक्षा प्रणाली को संतुलित रखता है।
- भावनाओं को शांत करता है, क्योंकि इससे मन को केंद्रित करने और तनाव मुक्त रहने में मदद मिलती है।
- स्वर रज्जु एवं श्वास को बेहतर और स्थिर बनाता है।
- स्वास्थ्य बेहतर होता है।

हिंदू परंपरा के अनुसार, ॐ के लाभ का आनंद लेने के लिए, व्यक्ति को 108 बार इस पवित्र शब्द का उच्चारण करना चाहिए, हालाँकि अन्य परंपराओं के अनुसार शांति प्राप्त करने के लिए इस मंत्र को दस से बीस बार दोहराना भी पर्याप्त है।

कभी-कभी, सही समय पर ॐ का केवल एक बार उच्चारण करने से हमारी खोई हुई शांति लौट आती है।

II

आनंद का दर्शन

निजी संतोष पाने की भारतीय पद्धतियाँ

आत्म-निरीक्षण की शक्ति

1948 में, जर्मन दार्शनिक कार्ल जैस्पर्स ने मानवता के इतिहास में उस काल को दर्शाने के लिए *'अक्षीय युग'* शब्द गढ़ा था, जब बिना किसी पारस्परिक संपर्क के चिंतकों के समान विचार हुआ करते थे और वे एक जैसे निष्कर्षों पर पहुँच जाते थे।

यूनानी दर्शन का स्वर्ण युग, चीन में लाओ-त्जु और कन्फ़्यूशियस जैसे विचारकों तथा भारत में बुद्ध जैसे आध्यात्मिक गुरुओं के आगमन से मेल खाता था। यदि हम उनके उपदेशों की तुलना करें, तो हमें उनमें आश्चर्यजनक संयोग दिखाई देंगे।

अपनी किताब, *द ओरिजिन ऐंड गोल ऑफ़ हिस्ट्री* में, जैस्पर्स बताते हैं कि अक्षीय युग के इन दार्शनिकों का ध्यान दो बातों पर था; एक ओर सामुदायिक कल्याण की नैतिकता और दूसरी ओर आत्म-ज्ञान।

धार्मिक इतिहासकार कैरेन आर्मस्ट्रांग ने *द ग्रेट ट्रांसफॉर्मेशन* में इस दिलचस्प बिंदु का उल्लेख किया, जिसमें उन्होंने दावा किया कि मानव जाति कभी भी यूनान, चीन और भारत के गुरुओं की समझ से आगे नहीं बढ़ पाई है। हम अपने दैनिक जीवन में उनका अध्ययन करते हैं, यह इस बात का प्रमाण है।

आर्मस्ट्रांग ने अपनी किताब में अक्षीय युग के इन गुरुओं की कुछ सामान्य विशेषताएँ स्थापित की हैं :

1. पुरानी मान्यताओं को स्वीकार करने की बजाय, वे हर चीज़ पर सवाल उठाते हैं।
2. बार-बार किए जाने वाले अनुष्ठान का स्थान चिंतन ने और आस्था का स्थान, अन्वेषण ने ले लिया है।
3. दार्शनिक सार्वजनिक रूप से सामने आकर और किसी भी विचार से असहमत होने का साहस रखते हैं।

आर्मस्ट्रांग बताते हैं कि इनमें से अधिकतर विचारक ऐसे समय पर आए, जब समाज में गहरा संकट या बदलाव आया था, जैसा कि हमारे समय में आया है। इससे वे इस निष्कर्ष पर पहुँचे कि केवल आत्म-ज्ञान की तलाश करके तथा जन-कल्याण पर ध्यान केंद्रित करके ही मानवता को बचाया जा सकता है, भले ही इसका कारण सिर्फ़ यह हो कि हम सब एक ही नाव पर सवार हैं।

तीर्थयात्रा का आरंभिक बिंदु

तीर्थयात्रा आरंभ करने से पहले, जब तीर्थयात्री अलग-अलग चरणों और हर दिन तय की जाने वाले मार्ग की योजना बनाता है, तो उसे अपनी ताक़त और कमज़ोरियों से परिचित होना चाहिए। निरंतर शारीरिक परिश्रम के आदी धावक और एक कम स्वस्थ व्यक्ति, दोनों के लिए वह मार्ग अलग-अलग होता है।

यात्रा की सफलता चलने वाले के आत्म-ज्ञान पर निर्भर करती है। यह जीवन में की जाने वाली किसी भी खोज पर लागू होता है, जिसमें हमारी अपनी ख़ुशी भी शामिल है।

जब से हमारी किताब इकिगाई प्रकाशित हुई है, तब से हमने कई देशों में हज़ारों साक्षात्कार, प्रस्तुतियाँ और वार्ताएँ की हैं। हमसे प्राय: एक प्रश्न पूछा जाता है : यदि आपको अपने जीवन का उद्देश्य नहीं पता, तो आपको अपनी यात्रा कहाँ से शुरू करनी चाहिए?

तब हम यही कहते हैं कि इसकी एक शर्त है : ख़ुद को जानना। यदि आप यह नहीं जानते कि आप कौन हैं, तो कोई उद्देश्य रखना बेकार है, क्योंकि यह आपके जीवन के मूल्यों और प्राथमिकताओं के साथ बहुत निकटता से जुड़ा हुआ है। आपको यहीं से शुरुआत करनी चाहिए।

ख़ज़ानों का ख़ज़ाना

पौसानियास ने दूसरी शताब्दी ई. में लिखा था, डेल्फ़ी के अपोलो मंदिर के प्रवेश द्वार पर एक प्रसिद्ध शिलालेख है, जहाँ सैकड़ों तीर्थयात्री अपने भविष्य के बारे में दैवज्ञ से परामर्श करने जाते थे : 'ख़ुद को जानो।'

सिबिल्स को बचपन से ही भविष्यवक्ताओं के संदेश प्रकट करने का प्रशिक्षण दिया गया था, उनके कक्ष में आगंतुकों को एक लंबा शिलालेख मिला, जिसके बारे में बहुत कम लोगों को पता है : 'ख़ुद को जानो।'

प्रश्न

हम किताब के दूसरे भाग में रमण महर्षि के बारे में कई बार बात करेंगे, क्योंकि उस बुद्धिमान व्यक्ति ने अद्वैत नाम के आध्यात्मिक मार्ग को लेकर

अतीत और वर्तमान के बीच कड़ी का कार्य किया, जिसके बारे में हम बाद में और जानेंगे।

अभी के लिए इतना जानना पर्याप्त है कि उनका जन्म 1879 में दक्षिण भारत के एक छोटे-से गाँव में हुआ था। पिता की मृत्यु के बाद, जब वे बारह वर्ष के थे, तो उन्हें मदुरै शहर में अपने चाचा के पास भेज दिया गया था।

वे पूरे भारत और पश्चिम के लिए पूज्य गुरु बने। दुनियाभर से हज़ारों लोग उनके आश्रम में आध्यात्मिक जागृति की तलाश में गए। उन्होंने सभी को 'आत्म-विचार' का अभ्यास करने की सलाह दी, जिसका अनुवाद है, 'अपनी पड़ताल'।

इसके लिए आपको केवल ख़ुद से संवाद करने की आवश्यकता है। सबसे पहले यह पूछना होगा कि मैं कौन हूँ? यह प्रश्न सरल है, लेकिन इसका उत्तर देना बहुत कठिन है। इसीलिए रमण महर्षि इस प्रश्न को बार-बार पूछने की सलाह देते हैं, ताकि हम अपने भीतर की गहराई तक पहुँच जाएँ।

कल्पना करते हैं कि हम इस महान गुरु के सामने मौजूद हैं और वे इस प्रश्न के बदले हमारा उत्तर सुन सकते हैं तथा उस पर टिप्पणी भी कर सकते हैं : *मैं कौन हूँ?*

एच : मैं हेक्टर हूँ।

एफ़ : मैं फ़्रान्सेस्क हूँ।

आरएम : नहीं, ये तो केवल आपके नाम हैं। आप कौन हैं?

एफ़ : मैं भाषाविद् हूँ, लेकिन मैं लेखक और वक्ता के रूप में भी काम करता हूँ।

एच : मैं कंप्यूटर इंजीनियर हूँ और मैं इसे लेखन के साथ इस्तेमाल करता हूँ, जो मेरा शौक है।

आरएम : आपने प्रश्न का उत्तर नहीं दिया! यह तो आपका प्रशिक्षण है, आपका व्यवसाय है, आपका काम है... आपको कोई ऐसा उत्तर देना चाहिए, जो इन सबसे कहीं अधिक महत्त्वपूर्ण और आवश्यक है। आप ख़ुद से फिर पूछिए : *मैं कौन हूँ?*

यहीं से आत्म-निरीक्षण की असली चुनौती आरंभ होती है। यदि *मैं कौन हूँ*, इसका मेरे नाम या जिस परिवार में, मैं पैदा हुआ या मेरी पढ़ाई, शौक, या व्यवसाय या मेरी संपत्ति से कोई संबंध नहीं है, *तो मैं हूँ कौन?*

इस प्रश्न का उत्तर देने के लिए, हम इस उद्धरण का सहारा ले सकते हैं : "सही मायने में केवल वही वस्तु आपकी अपनी है, जो आपके जहाज़ के डूबने के बाद भी आपके पास है।" और वह क्या है, जिसे आप जहाज़ के डूबने पर भी नहीं खोते?

हमारे पास कुछ विचार हैं, लेकिन हम आपको उनसे प्रभावित नहीं करना चाहते। हम आपको शांति के कुछ क्षण निकालने के लिए आमंत्रित करते हैं, ताकि आप ख़ुद से, जीवन को बदलने वाले ये सवाल पूछ सकें।

चार प्रकार की अनासक्तियाँ

कहते हैं कि बहुत-से जापानी लोग, अपने जीवनकाल में तीन धर्मों से होकर गुज़रते हैं। वे शिंटो बनकर पैदा होते हैं और देश की पैतृक आध्यात्मिक प्रथा को अपनाते हैं, फिर वे ईसाई की तरह विवाह करते हैं, क्योंकि शायद वे हॉलीवुड फ़िल्मों की शादियों की नक़ल करना चाहते हैं और अंत में वैराग्य का अभ्यास करते हुए बौद्ध होकर मर जाते हैं।

हम बौद्ध धर्म पर विचार करने वाले हैं। इसका आरंभ, एक भारतीय राजकुमार सिद्धार्थ गौतम से हुआ, जो बाद में बुद्ध बने, जिसका अर्थ है, 'जागृत' या 'ज्ञानी'। आज दुनियाभर में पचास करोड़ से अधिक लोग इस धर्म का पालन करते हैं।

बच्चों की मुस्कराहट को देखकर यदि हम यह मान लें कि आनंद ही हमारी स्वाभाविक अवस्था है, तो इसे फिर से पाने का एक तरीक़ा यह है कि आनंद को कुचलने वाली सभी चीज़ों से हमें कम लगाव रखना चाहिए।

जिस तरह हम प्याज के छिलके उतारते हैं, उसी तरह हर बार जब हम ख़ुद को एक आसक्ति से मुक्त करते हैं, तो हम आनंद पाने के क़रीब पहुँच जाते हैं।

भौतिकता से अनासक्ति :
सड़क पर बुद्ध

सिद्धार्थ गौतम की आध्यात्मिक प्रशिक्षुता तब शुरू हुई, जब उन्होंने राजमहल के समस्त सुखों को त्याग दिया और तपस्वी बनकर सड़क पर निकल पड़े। राजमहल में उनके पिता उन्हें संसार के कष्टों से बचाकर रखते थे।

ठोस से तरल की ओर बढ़ना, सुरक्षा के बदले रोमांच को चुनना, सभी सत्यान्वेषियों के जीवन में निरंतर चलने वाली प्रक्रिया है।

जिस बात ने लुम्बिनी (अब नेपाल का हिस्सा) में जन्मे युवा व्यक्ति को प्रेरित किया, वही बात जैक केरुआक के उपन्यास *ऑन द रोड* के समर्थकों को अनुभव और ज्ञान की तलाश में संयुक्त राज्य अमेरिका और मैक्सिको में भटकने के लिए प्रेरित करती है। उपन्यास में, केरुआक 1947 और 1950 के बीच बोहेमियन लोगों – जिनमें से कई बहुत धनी थे – की सामूहिक यात्राओं के बारे में बताते हैं, जब वे जीवन की जटिलताओं की खोज करते हैं, जैसे सिद्धार्थ स्वयं को दुख से मुक्त करने के लिए उत्तर खोज रहे थे।

केरुआक का स्क्रॉल

बीट जनरेशन ने अपनी सर्वश्रेष्ठ मानी जाने वाली किताब, *ऑन द रोड*, को मैनहट्टन स्थित अपने उस अपार्टमेंट में लगभग तीन सप्ताह में लिखा था, जहाँ केरुआक अपनी दूसरी पत्नी के साथ रहते थे।

केरुआक ने किताब लिखने के लिए काग़ज़ के पन्नों के बजाय, काग़ज़ के लंबे-से रोल का उपयोग किया और उन्होंने उस पर बिना हाशिया छोड़े और बिना कोई पैराग्राफ़ तोड़े लगातार टाइप किया।

अपने आरंभिक सफ़र को उपन्यास का रूप देने के लिए केरुआक ने लिखते समय केवल कॉफ़ी का सेवन किया। ऐसा लगता है कि उन्होंने किताब को फ्रेंच में लिखना शुरू किया था, जो क्यूबेक से आए उनके माता-पिता की भाषा थी, फिर उनकी किताब की भाषा बदलकर अँग्रेज़ी हो गई।

अपनी आध्यात्मिक खोज में आगे बढ़ने के लिए, हमें भौतिक वस्तुओं से आसक्ति को उसी तरह छोड़ देना चाहिए, जैसे साधु उसे त्याग देते हैं, जिन्हें इस किताब का एक पूरा अध्याय समर्पित किया गया है। इसका अर्थ यह नहीं है कि ग़रीब होना अच्छा है, जैसे सिद्धार्थ सड़कों पर अर्धनग्न और कुपोषित अवस्था में घूमते थे, अपितु इसका आशय यह है कि हमें भौतिक संपत्ति को आनंद के मार्ग में बाधा नहीं बनने देना चाहिए।

जब हम इस तरह की आसक्ति की बात करते हैं, तो प्रायः नई गाड़ी का एक उदाहरण दिया जाता है। एक व्यक्ति को विज्ञापनों आदि में दिखाई गई एक गाड़ी का नया मॉडल पसंद आ जाता है। गाड़ी महँगी है, इसलिए वह व्यक्ति बहुत संकोच और बहुत-से हिसाब-किताब के बाद उस गाड़ी को चार साल की किस्त योजना पर ख़रीदने का फ़ैसला करता है।

चमचमाती नई गाड़ी को डीलरशिप से लेकर बाहर निकलने के बाद वह उत्साह से भर उठता है, लेकिन उसका उत्साह ज़्यादा दिनों तक नहीं

टिकता। सड़क पर उतरने के कुछ ही दिनों बाद, गाड़ी के दरवाज़े पर खरोंच दिखाई देती है। हो सकता है किसी ने जानबूझकर खरोंच मारी हो या शायद वह सिर्फ़ दुर्घटना हो, कुछ भी हो, लेकिन गाड़ी अब नई और दोषरहित नहीं रही।

गाड़ी के मालिक के भीतर अँधेरा-सा छा जाता है।

कुछ महीनों के बाद, गाड़ी में कुछ और छोटे-मोटे डेंट और खरोंच लग जाती हैं। अब यदि वह उसे बेचना चाहे, तो उसे गाड़ी की केवल आधी क़ीमत मिलेगी, भले ही गाड़ी की क्षति न हुई हो। वह अब नई नहीं है और हर दिन उसकी क़ीमत कम होती जा रही है, हालाँकि मालिक, अगले कई सालों तक उसकी किस्त चुकाता रहेगा।

गाड़ी लेते समय उसके दिल में जो रोशनी थी, वह बुझ गई है और वह अब दुखी एवं निराश रहता है। इसी को आसक्ति कहते हैं।

सात दिन और सात रात तक एक के वृक्ष के नीचे बैठने के बाद बुद्ध को जो अंतर्दृष्टि प्राप्त हुई, वह यह थी कि अस्थायी चीज़ों में स्थायी संतुष्टि की तलाश हमें दुख के मार्ग पर ले जाती है।

यदि उस कार मालिक ने लोन लिए बिना, बीस साल पुरानी गाड़ी ख़रीदी होती, तो उसमें खरोंच आदि पड़ने से उसे कोई फ़र्क़ नहीं पड़ता। और *ऑन द रोड* के मुख्य किरदारों के लिए तो ये चीज़ें और भी कम मायने रखती हैं, जो एक बस से दूसरी बस में चढ़ते-उतरते रहते हैं और यात्रा की इच्छा के अलावा उनके पास और कोई सामान नहीं है।

क्या इसका यह अर्थ है कि आपके पास भौतिक संपत्ति जितनी कम होगी, आप उतने ही अधिक ख़ुश रहेंगे?

यह दावा करना सरल है कि यह बात सच है, लेकिन हम सब इस कहावत से भी परिचित हैं कि ''सबसे अमीर व्यक्ति वह नहीं, जिसके पास सबसे ज़्यादा है, बल्कि वह है, जिसकी ज़रूरतें सबसे कम हैं।''

स्थायी आनंद, केवल भीतर के अमूर्त स्रोतों से ही प्राप्त हो सकता है, फिर भी यह सोचना कि वह आनंद बाहरी वस्तुओं से मिलता है, निश्चित तौर पर निर्णय के स्तर की गंभीर त्रुटि है।

न्यूनतावाद का उदय – 'कम ही अधिक है' – इस दृष्टिकोण से मेल खाता है। तीन ऐसे आरामदायक स्वेटर होना बेहतर है, जिन्हें हम सैकड़ों बार पहन सकते हैं, बजाय इसके कि हमारे पास कपड़ों से भरी अलमारी हो, जिसमें धूल जमा होती रहे। सौ परिचितों के शोरगुल से निपटने की बजाय एक अच्छा दोस्त होना बेहतर है।

एक बार जब आपके पास शांतिपूर्वक जीवन जीने के लिए आवश्यक चीज़ें हो जाएँ, तो फिर जीवन को जटिल क्यों बनाएँ?

न्यूनतावादी

2015 में, नेटफ्लिक्स ने द *मिनिमलिस्ट्स : लेस इज़ नाउ*, नामक एक वृत्तचित्र का प्रीमियर किया, जिसमें रयान निकोडेमस और जोशुआ फ़ील्ड्स मिलबर्न ने अभिनय किया था, जिन्होंने theminimalists.com वेबसाइट की शुरुआत की थी।

ये दोनों बचपन से दोस्त थे और इन्होंने ख़ुद को पैसे कमाने के जुनून में फँसा लिया। दोनों सुबह से शाम तक काम करके छह अंकों की तनख़्वाह कमाते थे, जिसके कारण उन्हें बहुत अधिक तनाव और चिंता रहने लगी थी और वे उन वस्तुओं को इकट्ठा करने लग गए थे, जिनकी उन्हें आवश्यकता ही नहीं थी। निकोडेमस को लगा कि वह अपनी ज़िंदगी को वस्तुओं से भर रहा है।

फ़ील्ड्स मिलबर्न ने पहले इस जीवनशैली से ख़ुद को अलग कर लिया। दुखी करने वाली उस नौकरी को छोड़ने के बाद, उन्होंने अँधी खपत की आदत को पीछे छोड़ा और जीवन में आनंद पाने का प्रयास करने लगे। उन्हें लगा कि उस यात्रा में उनका वज़न हल्का हो गया था, मानो कोई ऐसा तीर्थयात्री, जिसने अपनी पीठ पर से पत्थरों से भरा बैग उतार दिया हो। जल्द ही निकोडेमस भी अपने दोस्त के पीछे चल पड़े। दोनों अपने-अपने छोटे घरों में रहने लगे और उन्होंने अपना अधिकांश सामान बेच दिया।

संबंधों से अनासक्ति : जब प्रेम करने से कष्ट होने लगे

यदि अस्थायी वस्तु में स्थायित्व की तलाश करने से मन दुखी होता है, तो इसमें आश्चर्य की बात नहीं है कि ग़लत संबंध भी पत्थरों से भरे बैग की तरह भारी महसूस हो सकते हैं।

कहते हैं, पचास दोस्तों वाले व्यक्ति को पचास सिरदर्द होते हैं। संचय करने और उस संचय को बनाए रखने का दबाव केवल भौतिक क्षेत्र तक सीमित नहीं है, बल्कि यह संबंधों में भी देखा जा सकता है।

जिस तरह सामान पुराना हो जाता है, टूट जाता है या उसमें हमारी रुचि समाप्त हो जाती है, उसी तरह समय के साथ संबंधों में भी उतार-चढ़ाव आते हैं। जिस अच्छे दोस्त के साथ कभी बहुत-सी समानताएँ थीं, वह अब बदल गया है। यह हमें विश्वासघात जैसा प्रतीत होता है और अब उसके साथ थकान महसूस होती है। वह हमारे लिए समय नहीं निकाल

पाता या हम जब भी उससे मिलते हैं, तो वह केवल शिकायत करता है। जो व्यक्ति हमें शारीरिक रूप से अत्यंत आकर्षित करता था, उससे ऊब होनी लगती है और हम दूसरों की ओर ताकने लगते हैं।

इसका यह आशय नहीं है कि सारे संबंध ख़राब हो जाते हैं, बल्कि इससे उलट, यदि हम अनासक्ति के भाव से किसी को प्रेम करते हैं और उसे यथास्थिति स्वीकार कर लेते हैं, तो हम उसके साथ जीवन का रोमांच सहजता से साझा कर सकते हैं।

आरंभिक यूनानी दार्शनिकों में से एक हेरक्लिटस ने यह कहा था कि परिवर्तन ही एकमात्र स्थायी चीज़ है। किसी से सदा एक-सा रहने की अपेक्षा करके हम जीवन की गतिकी को समझने में भूल कर सकते हैं।

इसके अलावा, संबंधों में पीड़ा का एक बड़ा स्रोत अपेक्षा है। जिस क्षण से हम किसी से एक ख़ास ढंग की प्रतिक्रिया या हमारी भावनाओं के बदले किसी उत्तर की अपेक्षा करते हैं, तो हम अपने ही लिए दुख के बीज बोना आरंभ कर देते हैं।

आप किसी दोस्त को मैसेज करते हैं और वह आपकी अपेक्षा के अनुरूप अथवा तुरंत उत्तर नहीं देता, तो आपको गुस्सा आ जाता है और आप कहने लगते हैं, ''अगर मैं उनकी जगह होता, तो मैं...''

रूमानी रिश्तों में भी दूसरे व्यक्ति से अपनी आवश्यकताओं के अनुरूप बदलने की अपेक्षा करना, बहस और आलोचना का निरंतर स्रोत बन जाता है।

अपेक्षाएँ, दुख का एक नया मार्ग खोल देती हैं।

हमारे साथी में जब अनचाहा बदलाव आने लगता है, तो हमें दुख होता है।

हमारे साथी में जब हमारे अनुकूल बदलाव नहीं आता, तो भी हमें दुख होता है।

दोनों ही मामलों में, आप अपने दुख के लिए दूसरे को दोषी ठहरा सकते हैं, भले ही समस्या आपके भीतर हो और उस समस्या का नाम आसक्ति है। गेस्टाल्ट थेरेपी के सह-संस्थापक फ्रिट्ज़ पर्ल्स ने हमें इस पीड़ादायक जाल से ख़ुद को मुक्त करने के लिए एक प्रार्थना दी है, जो इस प्रकार है:

मैं अपना काम करूँ और तुम अपना काम करो।
मैं इस दुनिया में तुम्हारी अपेक्षाओं पर खरा उतरने के लिए नहीं आया,
और तुम भी इस दुनिया में मेरे जैसा जीवन जीने के लिए नहीं आए।
तुम तुम हो और मैं मैं हूँ,
और यदि संयोग से हम एक-दूसरे को मिल जाएँ, तो बहुत अच्छा,
यदि नहीं, तो इसमें कोई कुछ नहीं कर सकता।

ज्ञान से अनासक्ति

वस्तुओं और संबंधों से आसक्ति के अलावा, एक तीसरे प्रकार की आसक्ति होती है, जो पिछले दोनों जितना ही दुख देती है। यह आसक्ति, दूसरों से अधिक या बेहतर समझ विकसित करने और हमेशा स्वयं को सही सिद्ध करने की आवश्यकता से उत्पन्न होती है। दुनिया के बारे में पूर्वाग्रही विचार होना - दूसरे शब्दों में, अपने ज्ञान से आसक्त हो जाना - दूसरों के साथ निरंतर टकराव का एक मुख्य स्रोत है।

दैनिक जीवन में, हम ऐसे बहुत-से संघर्ष देखते हैं, जो इस तीसरे प्रकार की आसक्ति से पैदा होते हैं। दो उदाहरण देखिए :

- राजनीति और धर्म पर बहस, जिसमें हर व्यक्ति अपने 'सत्य' के लिए लड़ता है, जबकि उसे यह एहसास ही नहीं रहता कि उसका पक्ष मात्र एक राय है।
- हमारे आस-पास जो कुछ घट रहा है, उसके प्रति क्रोध का भाव रखना सिर्फ़ इसलिए कि वह सब हमारी इच्छा के अनुकूल नहीं होता।

हमारे विचारों में लचीलापन जितना कम होता है, हमें उतना ही अधिक दुख पहुँचता है, क्योंकि जब भी वास्तविकता हमारे अनुकूल नहीं होगी, तो हमारा दुख अधिक गहरा होता जाएगा।

अपने पूर्वाग्रह से युक्त विचारों से मुक्ति पाना और यह मान लेना कि ख़ुद को सही सिद्ध करने की अपेक्षा शांति से रहना बेहतर है, तीसरी प्रकार की अनासक्ति है, जो हमें शांतिपूर्ण जीवन के क़रीब ले जाएगी।

पार जाना है, आसक्त नहीं होना

"भिक्षुओं, मैं तुम्हें नाव की तुलना से सीख देता हूँ; नाव पार करने के लिए होती है, पकड़कर रखने के लिए नहीं। सुनो और ठीक से सोचो, मैं अब बोलता हूँ।"

भिक्षुओं ने उत्तर दिया, "हाँ, श्रीमान्।" बुद्ध ने कहा,

"मान लो कि कोई व्यक्ति, सड़क पर जा रहा है। वह एक भयानक बाढ़ देखता है, जिसका निकटवर्ती किनारा संदिग्ध और ख़तरनाक है, जबकि दूसरा किनारा, ख़तरे से रहित अभयारण्य जैसा प्रतीत होता है, परंतु उस पार जाने के लिए कोई नाव या पुल नहीं है। वह सोचेगा, 'मैं घास,

लकड़ियाँ, शाखाएँ और पत्तियाँ इकट्ठा करके एक बेड़ा क्यों न बना लूँ? बेड़े पर सवार होकर और हाथ-पैरों को चप्पू की तरह चलाते हुए, मैं सुरक्षित दूसरे किनारे तक पहुँच सकता हूँ।' और वह ठीक उसी तरह करता है, फिर दूसरे किनारे पर पहुँचने के बाद वह सोचता है, 'यह बेड़ा मेरे लिए बहुत सहायक रहा है। इस पर सवार होकर और अपने हाथ-पैरों से चप्पू चलाते हुए, मैं सुरक्षित दूसरे किनारे तक पहुँच गया हूँ। मैं क्यों न इसे अपने सिर या कंधों उठाकर ले चलूँ, ताकि जहाँ चाहूँ, वहाँ जा सकता हूँ?' भिक्षुओं, तुम इस बारे में क्या सोचते हो? क्या वह व्यक्ति वही करेगा, जो उसे बेड़े के साथ करना चाहिए?''

''नहीं, श्रीमान्।''

''और भिक्षुओं, उस व्यक्ति को बेड़े के साथ क्या करना चाहिए? जब वह नदी पार कर ले, तो उसे सोचना चाहिए, 'यह बेड़ा मेरे लिए बहुत मददगार रहा है... क्यों न मैं इसे सूखी ज़मीन पर किनारे लगा दूँ या पानी में छोड़ दूँ और जहाँ चाहूँ, वहाँ चला जाऊँ?' उस व्यक्ति को बेड़े के साथ यही करना चाहिए।

इसी तरह, मैंने नाव के साथ एक उपमा के रूप में सीख दी है; बेड़ा पार जाने के लिए है, पकड़कर रखने के लिए नहीं। नाव की उपमा को समझ गए, तो तुम उपदेश के विरुद्ध जो है, उसे क्या, बल्कि उपदेश को भी छोड़ सकोगे।''

(बहुवचन में *धम्म* नौ श्रेणियों में से 'उन शिक्षाओं' तेसां धम्मनं को संदर्भित करता है। तदनुसार, जब इस उपमा का प्रयोग एमएन 38:14.1 में किया जाता है, तो यह

विचारों के संदर्भ में है। धम्म और अधम्म शब्द का अर्थ, सामान्य तौर पर *'उपदेश'* और *'उपदेश के विरुद्ध'* होता है, उदाहरण के लिए एएन 2.104। नकारात्मक रूप में केवल 'उपदेश नहीं' कहने की तुलना में इसका अधिक दृढ़ अर्थ है। यह दर्शाता है कि कुछ अप्राकृतिक है, जो दुनिया के तौर-तरीक़े के विरुद्ध है।)

–बुद्ध, *मज्झिमा निकाय**

अहंकार से अनासक्ति

हमारा अहंकार एक क़िले के समान है, जिसकी हमें रक्षा करनी पड़ती है। अगर यह क़िला छोटा है, तो इस पर हमला करने की जगह भी कम होंगी। यदि यह बड़ा और भारी-भरकम है, तो हम इसके हर द्वार पर पहरा देने के लिए विवश हो जाएँगे, जिसके चलते बहुत थकान हो सकती है।

दूसरों से अलग दिखने और उनकी मान्यता पाने की इच्छा, चौथी प्रकार की आसक्ति है, जो हमें कष्ट और पीड़ा पहुँचाती है। चूँकि दूसरों का भी अहंकार है और वे भी इसी तरह अपने क़िले की रक्षा करते हैं, तो हमारे सामने ऐसे कई मौक़े आते हैं, जब हमें लगता है कि हम दूसरों से कम हैं, हम पर हमला हो रहा है अथवा हमें बदनाम किया जा रहा है।

इस कष्ट और ग़लतफ़हमी के मूल में यह भ्रम होता है कि आप दुनिया से अलग इकाई हैं और आप यह नहीं समझते कि हम सभी की

* भिक्खु सुजातो के मध्य प्रवचन से (ऑस्ट्रेलिया, सुत्तसेंट्रल, 2018)।

मूल आवश्यकताएँ एक जैसी हैं, भोजन और आश्रय, प्रेम और सम्मान, और यह भाव कि दुनिया में हमारी उपस्थिति के भी कुछ मायने हैं।

एक बड़ी प्रसिद्ध घटना है, जिसमें एक तीर्थयात्री, रमण महर्षि के पास गया, जिनके बारे में हमने आत्म-ज्ञान वाले अध्याय में बात की थी, और उस व्यक्ति ने महर्षि से पूछा, ''हमें दूसरों के साथ कैसा व्यवहार करना चाहिए?''

महर्षि ने उत्तर दिया, ''दूसरा कोई नहीं है!''

इस कथन से उनका तात्पर्य यह था कि वास्तव में हम सब एक इकाई हैं। हम अगले अध्याय में इस विचार को और गहराई से समझेंगे।

अद्वैत

सब कुछ एक ही

आमतौर पर अद्वैत से आशय इस अर्थ में लिया जाता है कि आत्मा और ब्रह्म, अलग-अलग नहीं हैं। हिंदू धर्म की यह शाखा, वास्तविकता के सिद्धांत पर प्रश्न सवाल उठाती है, जैसे द *मैट्रिक्स* नामक फ़िल्म में चेतना की तीन अवस्थाओं का विश्लेषण किया गया था; जागृति, स्वप्न और गहरी नींद।

जिस प्रकार हम यह मान लेते हैं कि हम स्वप्न देखते हुए एक भ्रामक दुनिया में प्रवेश कर जाते हैं, तो हम यह कैसे जान सकते हैं कि जागृत अवस्था में हम जो अनुभव करते हैं, वह भी स्वप्न नहीं है?

माया के पर्दे से मोक्ष तक

बीटल्स ने 'स्ट्रॉबेरी फ़ील्ड्स फ़ॉरएवर' में गाया था, 'नथिंग इज़ रियल (कुछ भी सच नहीं है)', यह विचार अद्वैत के दृष्टिकोण के ही अनुरूप है। दो सहस्राब्दी पूर्व, प्लेटो ने स्वयं अपने गुफ़ा के सिद्धांत में यह सुझाव दिया था कि हम जो कुछ देखते हैं, वह सब एक मूलभूत सत्य की छाया मात्र है।

इस दृष्टिकोण से, भौतिक वस्तुएँ, लोग और यह पूरा ब्रह्मांड केवल भ्रम हैं, यदि हम इन सबको ख़ुद से अलग मानते हैं। एकमात्र चीज़ जो मौजूद है, वह संपूर्णता है, जिसका हम भी अंश हैं। इस दृष्टि से देखने पर अहंकार का अस्तित्व निरर्थक हो जाता है।

'माया', संस्कृत शब्द है, जिसका प्रयोग भ्रम अथवा मनुष्य की बुद्धि द्वारा निर्मित मृगतृष्णा का वर्णन करने के लिए किया जाता है। यह अविद्या अर्थात 'अज्ञानता' या 'मिथ्या झूठा ज्ञान' के रूप में पाई जाती है। माया और अविद्या के प्रभाव में, बुद्धि, उस संपूर्णता से पृथक होकर ख़ुद से एवं शरीर से आसक्त हो जाती है। इस कारण, वास्तविकता, ईश्वर से अलग द्वैत के रूप में, प्रकट होती है।

जब मनुष्य ख़ुद को जान लेता है और अज्ञानता से मुक्त हो जाता है, तो वह इच्छाओं अथवा कामनाओं से मुक्त होकर मोक्ष की अवस्था को प्राप्त कर लेता है।

इस तरह व्यक्ति को एहसास होता है कि वह, ये या वो नहीं है, बल्कि विशुद्ध अस्तित्व, विशुद्ध चेतना, विशुद्ध प्रेम का स्वरूप है। तब वह द्वैत के दुख को त्यागकर असीम स्वतंत्रता को प्राप्त कर लेता है। ऐसी स्थिति में, अनुभव करने और विभाजन का भाव उत्पन्न करने के लिए व्यक्ति के भीतर अहंकार ही नहीं रह जाता।

और तब वे जागृत अवस्था में आते हैं।

चिंतन, धार्मिक अथवा ध्यान का अभ्यास या फिर प्रकृति के संपर्क में आकर अद्वैत को पाया जा सकता है।

इन अभ्यासों द्वारा हमें यह एहसास होता है कि हम ख़ुद से अधिक विस्तृत किसी वस्तु का अंश मात्र हैं। जब हम रात में आसमान को देखते हुए, घने जंगल से गुज़रते समय या फिर किसी कलाकृति को निहारते वक़्त, हमें महसूस होता है कि हम एक ऐसी संपूर्णता में विलीन हो रहे

हैं, जहाँ देखी जा रही वस्तु और उस वस्तु को देखने वाले के बीच का अंतर मिट जाता है।

यही अद्वैत का क्षण है, जिसमें हम स्वयं को संपूर्णता से अलग देखना छोड़कर उसी का अभिन्न अंग हो जाते हैं।

अद्वैत और प्रवाह

अद्वैत के लिए भौतिक चीज़ें, लोग और समय स्वयं भ्रम हैं। सभी संभावनाएँ एक साथ मौजूद रहती हैं और समय, केवल अस्त-व्यस्तता में खोने से बचे रहने का साधन मात्र है।

हालाँकि, जीवन में हमारे लीन हो जाने पर यह मायने नहीं रखता। प्रवाह का अनुभव - जिसे मिहाली सिक्सजेंट

मिहाली ने अपनी इसी नाम की किताब में बहुत ही कुशलता से समझाया है। उनके शब्दों में, ''प्रवाह का अनुभव हमें ख़ुद को अहंकार, उसके मानसिक शोर और स्वयं समय से अलग रखने की छूट देता है।'' कर्ता अपने कर्म में विलीन हो जाता है। इस प्रकार, एक घंटा एक पल के समान प्रतीत होता है, क्योंकि हम द्वैत मानसिकता के पार चले जाते हैं।

प्रवाह की इस अनमोल स्थिति को प्राप्त करने के लिए कुछ सुझाव हैं, जो हमें द्वैत से दूर रखने के अलावा उत्कृष्टता और आनंद की ओर ले जाते हैं;

1. अपने जुनून और पाँचों इंद्रियों का इस्तेमाल करते हुए एक समय में केवल एक ही काम करना चाहिए। मल्टीटास्किंग (कई कामों को एकसाथ करना) इस प्रवाह का सबसे बड़ा शत्रु है।

2. पूरा ध्यान लगाएँ। आप किताब पढ़ने, जैसे किसी सरल कार्य से भी अभ्यास कर सकते हैं। जब भी कोई चीज़ पढ़ने से आपका ध्यान भटकाए, तो अनुशासन के साथ अपने कार्य पर वापस लौटें।

3. इसे अनुभव करते समय सभी विकर्षणों को दूर कर दें; सेल फ़ोन या इंटरनेट से जुड़े उपकरण, ऐसे विचार, जो हमें अतीत या भविष्य में ले जाते हैं। ये सभी चीज़ें प्रवाह में बाधा डालती हैं। यदि कोई चीज़ आपको परेशान या विचलित करती है, तो उसे कहीं नोट करें और ख़ुद को उस बोझ से मुक्त करके स्वयं को अनुभव के प्रति समर्पित कर दें।

4. सिक्सजेंटमिहाली के अनुसार, आप जो कुछ करते हैं, वह बहुत आसान अथवा बहुत कठिन नहीं होना चाहिए। यदि वह कार्य बहुत आसान होगा, तो उसमें ऑटोपायलट (स्वाचालित ढंग से) होने और ध्यान खो जाने का ख़तरा हो सकता है। यदि वह बहुत कठिन होगा, तो आपको अवरोध महसूस हो सकता है। अतीत में आपने जो प्राप्त किया है, अपने लक्ष्य को उससे थोड़ा-सा अधिक कठिन रखना आपको प्रेरित करेगा। इस विषय में, हेमिंग्वे ने एक बार कहा था, ''कभी-कभी मेरी क़िस्मत अच्छी होती है और मैं अपनी क्षमता से बेहतर लिख लेता हूँ।''

पुराने गुरु, नए गुरु

ऐसा माना जाता है कि अद्वैत वेदांत की रचना, भारतीय विचारक आदि शंकराचार्य ने की थी, जिनका जन्म आठवीं शताब्दी में हुआ था और जो हिंदू धर्म के आधार ग्रंथ उपनिषदों से प्रेरित थे।

गौड़पाद के शिष्य शंकराचार्य के कई अनुयायी थे, लेकिन उनके चार शिष्य विशेष रूप से लोकप्रिय हुए; पद्मपाद, सुरेश्वर, हस्तामलक और तोटक। उनका कहना था, ''न प्रलय है और न सृजन, किसी को मुक्ति नहीं चाहिए, कोई मुक्त नहीं है और कोई भी दास नहीं है।''

इन चारों शिष्यों ने भारत में स्थापित चार महान मठों को उनका नाम दिया, जो आज भी मौजूद हैं।

संस्कृत में पहली फ़िल्म

पूर्ण रूप से संस्कृत में बनी पहली फ़िल्म, *आदि शंकराचार्य*, 1983 में रिलीज़ हुई और उसने भारत में कई पुरस्कार जीते। यह दो घंटे की अनोखी बायोपिक, अद्वैत के उस महान अग्रदूत के जीवन को दर्शाती है। एक धनी और ख़ुशहाल परिवार में जन्मे, युवा शंकर के मन में अपने पिता की मृत्यु के बाद ज्ञान की अत्यधिक प्यास जागृत हो गई। उन्होंने अपनी माँ को अपना निर्णय बताया और एक मठ में प्रवेश लेकर अपनी आध्यात्मिक यात्रा आरंभ कर दी।

आधुनिक समय में, अद्वैत दर्शन के सिद्धांतों को रमण महर्षि ने अपनाया, जिनका उल्लेख हमने पिछले अध्याय में और आत्म-ज्ञान को समर्पित एक अन्य अध्याय में किया था।

आत्म-निरीक्षण से भरपूर अपनी किशोरावस्था के अंत में, महर्षि ने सोलह वर्ष की आयु में अपनी मृत्यु और पुनर्जन्म को अनुभव किया, फिर एक रहस्यमय शब्द उनके दिमाग़ में आया; अरुणाचल। बाद में उन्हें पता चला कि यह तमिलनाडु में स्थित एक पहाड़ी का नाम था।

एक वर्ष बाद, 1896 में, वे इस रहस्यमय स्थान पर चले गए, जहाँ उन्होंने पहले मंदिरों और गुफ़ाओं में ध्यान किया तथा शुद्धि, मौन एवं वैराग्य की खोज की, फिर बाद में उन्होंने अपना आश्रम स्थापित कर लिया।

उनके सबसे प्रसिद्ध शिष्यों में पापाजी शामिल हैं, जिनका जन्म पंजाब में हुआ और वे 1944 में महर्षि से मिले। पापाजी ने महर्षि से वही प्रश्न पूछे, जो उन्होंने अपनी खोज के दौरान अन्य सभी गुरुओं से पूछे थे।

''क्या आप मुझे ईश्वर दिखा सकते हैं? और यदि नहीं, तो क्या आप किसी ऐसे व्यक्ति को जानते हैं, जो मुझे ईश्वर दिखा सकता हो?''

महर्षि ने उत्तर दिया, ''मैं तुम्हें ईश्वर नहीं दिखा सकता, न ही तुम्हें उसे देखने की अनुमति दे सकता हूँ, क्योंकि ईश्वर कोई वस्तु नहीं है, जिसे देखा जा सके। ईश्वर कर्ता है। वह द्रष्टा है। जो वस्तुएँ दिखाई देती हैं, उनकी चिंता मत करो। यह पता लगाओ कि द्रष्टा कौन है।''

दूसरी मुलाक़ात में, महर्षि की आँखों में देखते हुए पापाजी को अंततः ज्ञान की प्राप्ति हुई और उन्होंने द्वैत भाव को सदा के लिए त्याग दिया।

महर्षि के दो सबसे महत्त्वपूर्ण विचार :

- शब्द सत्य की ओर संकेत कर सकते हैं, लेकिन वे सत्य नहीं हैं। पवित्रता तक पहुँचने का असली द्वार मौन है।
- आत्मज्ञान, जो अद्वैत का अनुभव है, सहज ही प्राप्त हो जाएगा, यदि आप किसी विचार को उद्वेलित या अस्वीकार नहीं करते।

पापाजी के सबसे लोकप्रिय शिष्य मूजी थे। वे मूल रूप से जमैका से थे, लेकिन उनका आश्रम पुर्तगाल के अलेंटेजो प्रांत में स्थित है। मूजी, महर्षि की आत्म-निरीक्षण पद्धति - ख़ुद से बार-बार पूछते रहना कि मैं कौन हूँ? - के विषय में कहते हैं और पापाजी की इस सोच के बारे में बात करते हैं कि जब आप अपनी पहचान को बनाए रखने का संघर्ष बंद कर देते हैं, तो द्वैत समाप्त हो जाता है।

मूजी के लिए, आत्मज्ञान किसी कठिन प्रक्रिया के बाद हासिल होने वाली चीज़ नहीं है, बल्कि उनका मानना है कि वह हमारे भीतर ही मौजूद है। हमें केवल उन पूर्वाग्रही विचारों को छोड़ देना है, जो संसार के बारे में हमारी दृष्टि में विकार उत्पन्न करते हैं, विशेषकर यह विचार कि द्रष्टा और दृश्य दो अलग चीज़ें हैं।

लंदन अद्वैत स्कूल

इन गुरुओं के विचारों के अनुरूप, ब्रिटिश पत्रकार टोनी पार्सन्स ने अपनी किताब ऐज़ इट इज़ में लिखा है कि उन्हें आध्यात्मिक जागृति का अनुभव, लंदन के एक पार्क में टहलते समय अनायास ही हुआ था।

जीवन-भर उत्सुकता में जीने के बाद और निरंतर यह चिंता करते हुए कि आगे क्या होगा, उसे यह एहसास हुआ कि वह जिसे खोज रहा

था, वह उसके भीतर पहले से मौजूद है। वह सदा से मौजूद था – उसे केवल उस क्षण तक इस बात का एहसास नहीं हुआ था। इस अंतर्दृष्टि को पाने के लिए, उसे केवल अपने दिमाग़ी खेल को नज़रअंदाज़ करके अपना सारा ध्यान चलने पर केंद्रित करना था।

पहली बार, पार्सन्स को लगा कि उसका हर क़दम अलग और अनोखा है और वह उस क़दम को उसी ढंग से फिर कभी दोहरा नहीं सकता। वह जैसे-जैसे पैदल चलने जैसी सरल और मानवीय क्रिया में लीन होता गया, सब कुछ स्पष्ट होता गया और उसे पूर्ण शांति और जागरूकता का अहसास होने लगा।

समय, मानसिक विचार और यहाँ तक कि वह व्यक्ति, जो चल रहा था, वह भी ग़ायब हो गया। पार्सन्स का अब केवल अपने प्रत्येक क़दम के साथ ही नहीं, अपितु संसार की प्रत्येक वस्तु के साथ भी एकात्म स्थापित हो गया था। उसने अद्वैत की अवस्था को प्राप्त कर लिया था।

उसने लंदन पब जैसी सामान्य जगहों पर भी अपने अनुभवों को बताना शुरू किया, जहाँ उसने जल्द ही एक अनौपचारिक अद्वैत मंडली की स्थापना कर ली। उसके एक शिष्य रिचर्ड सिल्वेस्टर ने एक ट्रेन स्टेशन पर इसी तरह की आत्मिक जागृति का अनुभव किया था।

सिल्वेस्टर के साथ भेंट के बाद, पार्सन्स ने उसे गले लगाया और कहा, ''मुझे आशा है कि तुम जल्द ही मर जाओगे,'' यह एक अत्यंत असामान्य कथन था। सिल्वेस्टर ने इसे ही अपनी किताब का शीर्षक बना लिया। पार्सन्स क्या कहना चाहता था?

दरअसल, पार्सन्स कहना चाहता था कि उस नए जीवन के प्रति सजग होने के लिए आपको पुरानी जीवन-शैली को छोड़ना होगा। अहंकार के अंत के बाद ही अद्वैत का जन्म होता है और यह वह अवस्था है, जिसमें हमें किसी से अलग होने की पीड़ा होना बंद हो जाती है।

और अद्वैत का मेरे लिए क्या उपयोग है?

महर्षि और पापाजी या अन्य शहरी अद्वैत अन्वेषकों के अनुभव संभवत: हर किसी के लिए उपयोगी नहीं होंगे, किंतु वे उन सभी लोगों के लिए उपयोगी हैं, जो यथासंभव स्वतंत्र और आनंदमयी जीवन की आकाँक्षा रखते हैं, जो वास्तव में इस किताब का लक्ष्य है।

इस उद्देश्य से, हम इस सहस्राब्दी विचारधारा की शिक्षाओं को रोज़मर्रा की ज़िंदगी के दायरे में लाने जा रहे हैं :

- आपके भीतर जितना अधिक अहंकार होगा, आप उतना ही अधिक दुख, आसक्ति, भय और चिंता का अनुभव करेंगे। कोई भी ऐसी गतिविधि, जो आपको ख़ुद को विस्मृत कर देने की अनुमति देती है, भले ही वह पार्क में सैर करने जैसा साधारण काम ही क्यों न हो, वह आपके जीवन में शांति और अधिक स्वच्छंदता लेकर आएगी।
- ख़ुद को दूसरों से भर लेना भी ख़ुद को ख़ुद से ख़ाली करने का एक तरीक़ा है। परोपकारिता, अहंकार को समाप्त करने में योगदान देती है और साथ ही शांति और पूर्णता प्राप्त करने में भी सहायक सिद्ध होती है। आप जब उदास होते हैं, तो क्या आपने अनुभव किया है कि किसी दुखी व्यक्ति की सहायता करने से आपका उत्साह भी फिर से जागृत हो उठता है? एक ऐसा रिक्त खोल बन जाना, जिसे दूसरों द्वारा भरा जा सके, यह भी पूर्णता की ओर बढ़ने का एक तरीक़ा है।
- जब हम प्रवाह की स्थिति में प्रवेश करते हैं, तो हम अपनी गतिविधि में विलीन हो जाते हैं और कर्ता तथा

किए जा रहे कर्म के बीच का अवरोध समाप्त हो जाता है। इस अवस्था को प्राप्त करने के लिए, आपको केवल इतना करना है कि आप अपनी पाँचों इंद्रियों के साथ बिना किसी भटकाव, एजेंडा या अपेक्षा के स्वयं को पूर्ण रूप से अपने जुनून के प्रति समर्पित कर दें।

- ब्रह्मांड के प्रति सचेत रहना द्वैत पर विजय पाने का एक और तरीक़ा है। किताबें पढ़कर या ख़ुद में से बाहर निकलने के अन्य तरीक़ों का प्रयोग करके, अपनी तुच्छता का एहसास करना, मानो अरबों आकाशगंगाओं के बीच एक छोटे-से सूर्य की गर्मी। यह तरीक़ा, अहंकार और उससे उत्पन्न समस्याओं को नष्ट कर देता है।

यह जागृति या ज्ञान हमें छोटा नहीं बनाता, अपितु इसके विपरीत, यह हमें मौजूदा सभी वस्तुओं की भव्यता में विलीन हो जाने देता है, जिससे इस विशाल खेल के मैदान में हमारी संभावनाएँ बढ़ जाती हैं।

हम इसे 1928 में फर्नांडो पेसोआ द्वारा अल्वारो डे कैम्पोस के छद्म नाम से लिखी इस कविता के आरंभ से जोड़ना पसंद करते हैं :

मैं कुछ नहीं हूँ।
मैं कभी कुछ नहीं बन पाऊँगा।
मैं कुछ नहीं बनना चाहता था।
इसके अलावा, दुनिया के सारे सपने मेरे अंदर ही हैं।

आनन्द के सार्वभौमिक नियम

दुनिया-भर में यात्रा करते हुए हमने सीखा है कि विविधता में ही जीवन का आनन्द है, परंतु हर संस्कृति की क्या विशिष्टता है, यह जानने से अधिक हमें दुनिया-भर की संस्कृतियों को एक सूत्र में बाँधने वाले धागों को खोजना पसंद है।

उदाहरण के लिए, दुनिया के विभिन्न भागों में लगभग सभी मैत्रीपूर्ण अभिवादनों के साथ किसी न किसी प्रकार का हाथ का संकेत क्यों किया जाता है?

भारत में, जब हम नमस्ते कहते हैं, तो हम अपने हाथों को सामने की ओर जोड़ते हैं। कोरियाई और जापानी संस्कृति में, हाथों को सामने या बग़ल में रखकर प्रणाम किया जाता है, ताकि सामने वाला व्यक्ति उसे देख सके। चीन और अन्य संस्कृतियों में लोग हाथ मिलाते हैं।

शारीरिक संपर्क हो या न हो, प्रत्येक अभिवादन के स्वरूप और अर्थ में भिन्नता होने के बावजूद, हमें एक सामान्य पैटर्न दिखाई पड़ता है कि दोनों लोग एक-दूसरे को अपने हाथ दिखा रहे हैं। क्यों?

भले ही हमें आश्चर्य हो, लेकिन इससे यह पता लगता है कि हमारे हाथ में कोई हथियार नहीं है, हालाँकि समकालीन समाज में हथियार

रखना दुर्लभ ही है, किंतु अपना ख़ाली हाथ दिखाना, मानव अवचेतन का हिस्सा बन चुका है। इसी कारण जेब में हाथ डालकर किसी का मौखिक अभिवादन करना व्यावहारिक रूप से हर जगह असभ्य समझा जाता है।

यह पूरे ग्रह पर एक साथ विकसित हुए मानव व्यवहार का उदाहरण मात्र है।

अभिवादन की भाँति ऐसे कई क़ानून, मानदंड और परंपराएँ भी हैं, जो कई सहस्राब्दियों से हज़ारों मील दूर स्थित जगहों पर मौखिक या लिखित कथाओं अथवा धार्मिक या दार्शनिक ग्रंथों के माध्यम से पारित की गई हैं। बावजूद इसके, हमें सार्वभौमिक समानताएँ देखने को मिलती हैं।

चूँकि मनुष्य हर जगह एक जैसे ही होते हैं, इसलिए हम जहाँ भी रहते हैं, हमारी समस्याएँ भी एक जैसी होती हैं। यही कारण है कि हर जगह मनुष्यों ने शांति और आनंद सहित सह-अस्तित्व में जीने के लिए एक-से तरीक़े अपनाए हैं।

छह शत्रु और सात घातक पाप

जिस प्रकार कैथोलिक चर्च सात घातक पापों को परिभाषित करता है, उसी प्रकार हिंदू धर्मशास्त्र मन के छह शत्रुओं के बार में बताता है, जिन्हें अरिषद्वर्ग कहा जाता है।

संत थॉमस एक्विनास ने घातक पापों का वर्णन इस प्रकार किया है : ''मानव स्वभाव, जिनके प्रति सबसे अधिक प्रवृत्त होता है।''

हिंदू धर्म में मन के छह शत्रु वे प्रलोभन हैं, जो लोगों को उनके चौथे पुरुषार्थ – मोक्ष अर्थात अज्ञानता से मुक्ति पाने से रोकते हैं।

छह शत्रु	सात घोर पाप
गुस्सा *(क्रोध)*	क्रोध
अहंकार या गर्व *(मद)*	अहंकार
इच्छा या वासना *(काम)*	काम
ईर्ष्या या जलन *(मत्सर्य)*	ईर्ष्या
लालच *(लोभ)*	लोभ
भ्रम *(मोह)*	–
–	लोलुपता
–	आलस्य

पहले पाँच, एक-दूसरे से लगभग पूरी तरह मेल खाते हैं। यह देखना अत्यंत रोचक है कि दो अलग-अलग परंपराएँ, जो संसार के अलग-अलग हिस्सों में हज़ारों सालों में विकसित हुईं, वे दोनों किस तरह उन बुराइयों पर एकमत हैं, जो मनुष्य को हानिकारक मार्ग पर ले जाती हैं।

यदि हम स्वयं को क्रोध में बह जाने दें, तो हम आनंददायक जीवन नहीं जी सकते। इसी तरह, बहुत अधिक घमंड हमें अहंकारी बना देता है। यदि हम अपनी इच्छाओं पर नियंत्रण नहीं रख पाएँ और उन्हें ख़ुद पर हावी हो जाने दें, तो हम वासना के शिकार हो सकते हैं। इसी तरह, हम जानते हैं कि दूसरों से ईर्ष्या करने अथवा उनके पास जो कुछ है, उससे दुखी होने की बजाय, अपने जीवन पर ध्यान देना हमारे लिए बेहतर है। इस बात को समझना कि हमारे पास जो है, वह पर्याप्त है और स्वयं को लोभ से बचाना ही शांति एवं उदारता का मार्ग है।

संभवत: हम इन सब बातों से सहमत हैं।

मोह को कभी-कभी भ्रम या उन्माद कहा जाता है, उसके लिए कोई संदर्भगत पाप नहीं है। वास्तव में, यह हिंदू विश्वदृष्टि के अनुसार, एक अत्यंत विशिष्ट अवधारणा है। यह इस तथ्य को दर्शाता है कि हम भ्रम की स्थिति में रहते हैं, क्योंकि हम लगभग हमेशा ही वास्तविकता को एक धुँधली खिड़की से देखते हैं।

जब हम दुनिया को देखते हैं, तो वह हमारे अपने ही दृष्टिकोण से प्रभावित होती है।

हमारे लिए वास्तविकता को वह जैसी है, उसी तरह से देखना मुश्किल है, क्योंकि हमारे अनुभव, अहंकार और मनोभावों से प्रभावित रहते हैं। इस विषय में जागरूक रहना बहुत महत्त्वपूर्ण है, ताकि हम ऐसे निर्णय ले पाएँ, जो हमें स्वयं की स्थिति को अधिक स्पष्टता से देखने में मदद करते हैं।

हम दुनिया को उस तरह से नहीं देखते, जैसी वह है, अपितु वैसे देखते हैं, जैसे हम ख़ुद हैं, परंतु अच्छी बात यह है कि हम ख़ुद को और जीवन के प्रति अपने दृष्टिकोण को पल-पल आकार दे सकते हैं।

इस सूची के अंत में लोलुपता और आलस्य भी सात घातक पापों में शामिल हैं, लेकिन इनका छह शत्रुओं में कोई सटीक समकक्ष नहीं मिलता।

यद्यपि ये हिंदू धर्म में शामिल नहीं हैं, किंतु थेरवाद बौद्ध धर्म के पाली सिद्धांत में इन्हें पाँच बाधाओं में शामिल किया गया है।

पाँच बाधाएँ

बौद्ध धर्म के सबसे प्राचीन संप्रदाय थेरवाद की परंपरा में पाँच बाधाएँ हैं, जो हमें सद्गुणों के मार्ग से भटका सकती हैं। ऐसा ध्यान के समय भी हो सकता है और तब भी, जब हम सद्गुण एवं उद्देश्यपूर्ण जीवन जीने का प्रयास करते हैं।

ये पाँच बाधाएँ इस प्रकार हैं :

1. **आलस्य या सुस्ती** (थिन-मिद्ध): हम जो कर सकते हैं और जो करना चाहिए, उसे करने की बजाय ख़ुद को न्यूनतम प्रयास के नियम से निर्देशित होने देना। यह सात घातक पापों में आलस्य के समकक्ष है।
2. **संवेदी इच्छाएँ (काम):** पाँच इंद्रियों (दृष्टि, स्पर्श, ध्वनि, गंध, स्वाद) में से किसी भी माध्यम से आनंद प्राप्त करना। तालू का सुख, सात घातक पापों में लोलुपता के समकक्ष माना जाता है।
3. **घृणा, आक्रोश, शत्रुता (ब्यापद):** दुनिया या अन्य लोगों के प्रति घृणा का भाव रखना।
4. **चिंता या व्याकुलता (उद्धच्च-कुक्कुच्च):** दिल और दिमाग़ में शांति पाने से रोकने वाली चिंताओं को बढ़ावा देना।
5. **संदेह (विचिकिच्चा):** निर्णय लेने में आत्मविश्वास का अभाव, जिसके कारण पक्षाघात हो सकता है।

ये पाँच बाधाएँ हमें जीवन के उद्देश्य से भटकाती हैं।

इन पाँच बाधाओं का सामना करने के लिए, थेरवाद परंपरा में पाँच उपाय भी बताए गए हैं, जो हमारी उस समय मदद कर सकते हैं, जब हम किसी ऐसी स्थिति में फँस जाएँ, जहाँ से निकलने का मार्ग न हो।

ये पाँच उपाय हैं :

1. **आलस्य से बचने के लिए सजग होकर कार्य करने के विषय में सोचना:** हम आलस्य का शिकार क्यों हो रहे हैं, इसके कारणों की जाँच करने से हमें सक्रिय होने तथा आलस्य की ओर ले जाने वाली जड़ता एवं स्वचालित क़िस्म की सोच को नियंत्रित करने में सहायता मिलती है।

2. **भौतिक और संवेदी इच्छाओं से बचने के लिए किसी एक महत्त्वपूर्ण चीज़ पर ध्यान केंद्रित करना (एकाग्रता):** जब हमें लगता है कि हम आनंद के प्रति बहुत अधिक आकृष्ट हो रहे हैं, तो उस आनंद से असंबंधित किसी वस्तु पर ध्यान केंद्रित करने से हम इंद्रियों के प्रलोभन पर नियंत्रण पा सकते हैं, जो मनुष्य की बहुत बड़ी दुर्बलता है।
3. **द्वेष या घृणा से बचने के लिए भलाई (पीति) पर ध्यान केंद्रित करना:** जब हमें लगता है कि हम क्रोध, आक्रोश या पछतावे के भाव से ग्रसित हैं, तो हम अपने जीवन की अच्छी चीज़ों पर ध्यान केंद्रित कर सकते हैं। दूसरे लोगों से घृणा या ईर्ष्या के मामले में, हमें उन लोगों के गुणों की सूची बनानी चाहिए। इससे उन्हें देखने का हमारा दृष्टिकोण बदल जाएगा।
4. **चिंताओं से बचने के लिए ग़ैर-संवेदी सुख (सुख):**

ग़ैर-संवेदी सुखों की खोज (आत्मा का विकास करना, अध्ययन अथवा गुरुओं और शिक्षकों से मार्गदर्शन पाकर दुनिया के बारे में सीखना, अपनी कलात्मक क्षमताओं का विकास करना, अपने प्रियजनों की देखभाल करना) करने से हमें बेहतर और चिंतामुक्त महसूस होता है, भले ही हम किसी भी परिस्थिति में हों।

5. **संदेह से बचने के लिए स्थिति का विस्तृत विश्लेषण (विचार):** अनिश्चितता पर नियंत्रण पाने की सरल और व्यावहारिक तकनीक यह है कि हम अपने सामने उपस्थित विकल्पों के फ़ायदे और नुक़सान को लिख लें। सूची बनाने का निर्णय लेने में मदद मिलती है।

बाधा	उपाय
आलस्य	आलस्य से बचने का प्रयास करें और सक्रिय रहें।
संवेदी इच्छाएँ	आसक्ति से बचने के लिए किसी एक महत्त्वपूर्ण चीज़ पर ध्यान केंद्रित करें।
घृणा और शत्रुता	द्वेष और घृणा से बचने के लिए अपने और दूसरों के कल्याण पर ध्यान केंद्रित करें।
व्यस्तता और चिंता	चिंताओं से बचने के लिए ग़ैर-इंद्रियजन्य सुखों को विकसित करें।
संदेह	अनिश्चितता से बचने के लिए स्थिति का विस्तार से विश्लेषण करें।

चार पुरुषार्थों में संतुलन

आलोचनात्मक सोच वाले पाठक को शायद इसमें विरोधाभास दिखाई पड़ा होगा :

- इस किताब के प्रथम अध्याय में काम (जीवन का सुख) चार पुरुषार्थों में से एक है, लेकिन इसे पाँच बाधाओं में भी शामिल किया गया है।
- जो लोग पूरी तरह मोक्ष (आत्म-साक्षात्कार या आत्मज्ञान) पर ध्यान केंद्रित करते हैं, उन्हें अपने जीवन के अन्य सभी क्षेत्रों में त्याग करना पड़ता है।

इस विरोध को देखने वाले आप पहले व्यक्ति नहीं हैं। ये चार पुरुषार्थ, लंबे समय से विद्वानों और दार्शनिकों के बीच बहस का विषय रहे हैं। इस पर आम धारणा यही है कि संदेह की स्थिति में हमें धर्म को प्राथमिकता देनी चाहिए।

दया कृष्ण नामक दार्शनिक ने अपनी किताब *भारतीय दर्शन: एक विपरीत परिप्रेक्ष्य में पुरुषार्थ* के बारे में अधिक सूक्ष्मता से विचार प्रस्तुत किए हैं :

> उदाहरण के लिए, मनुष्य वास्तव में अपने जीवन में क्या चाहता है, इस बात को क्या वर्णनात्मक अर्थ में लिया जाना चाहिए? या फिर यह कोई निर्देशात्मक शब्द है, जो सुझाव देता है कि एक व्यक्ति क्या करे, जिससे उसे मनुष्य होने के योग्य समझा जा सके? पुरुषार्थ के संदर्भ में, अर्थ और काम वर्णनात्मक अर्थ को इंगित करते हैं, जबकि धर्म और मोक्ष, निर्देशात्मक अर्थ की ओर ले जाते हैं। यह बात को कहने

का कोई ख़ास अर्थ नहीं है कि व्यक्ति को अर्थ या काम का अनुसरण करना चाहिए, क्योंकि व्यक्ति स्वाभाविक रूप से उनका अनुसरण करता ही है और ऐसा करने के लिए उसे किसी उपदेश की आवश्यकता नहीं होती।

दूसरे शब्दों में, हमारे भीतर अर्थ और काम को प्राप्त करने की स्वाभाविक प्रवृत्ति है, जबकि धर्म और मोक्ष की प्राप्ति के लिए हमें अनुशासन विकसित करने और सजग रहने की आवश्यकता पड़ती है।

चार पुरुषार्थों को ध्यान में रखते हुए, स्वयं से पूछें :

- क्या मेरा जीवन असंतुलित है?

यदि इसका उत्तर हाँ है, तो इन आगे के प्रश्नों के उत्तर लिखें :

- क्या मैं ऐसा जीवन जी रहा हूँ, जिसमें मेरा ध्यान केवल सुख और प्रेम (काम) पर ही केंद्रित है?
- क्या मैं ऐसा जीवन जी रहा हूँ, जिसमें मेरा ध्यान केवल धन और अर्थ पर ही केंद्रित है?
- क्या मैं ऐसा जीवन जी रहा हूँ, जिसमें मेरा ध्यान केवल अपने कर्तव्यों (धर्म) पर ही केंद्रित है?
- क्या मैं ऐसा जीवन जी रहा हूँ, जिसमें मेरा ध्यान केवल आत्म-साक्षात्कार (मोक्ष) पर ही केंद्रित है?

इन सवालों के उत्तर अपनी प्रवृत्तियों को पहचानने और आवश्यक परिवर्तन करने में आपकी मदद करेंगे। आप स्वयं तथा अपने प्रियजनों के लिए आनंद एवं ख़ुशहाली केवल संतुलन से ही पा सकते हैं।

"सद्गुण, दो दुर्गुणों के बीच का सुनहरा बिंदु है, जहाँ एक की अति और दूसरे की न्यूनता होने लगती है।" – अरस्तू

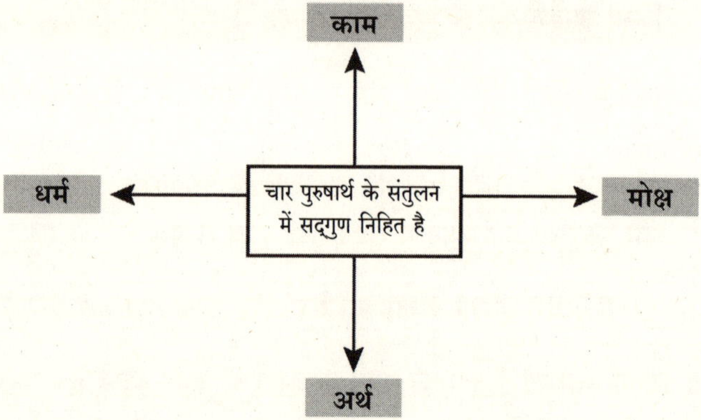

चार सिद्धांत

हालाँकि ये मनोविज्ञान और व्यक्तिगत विकास से संबंधित हैं और इनका किसी धर्म से कोई संबंध नहीं है, फिर भी कुछ ऐसी बातें हैं, जिन्हें हम आपके साथ साझा करना चाहते हैं, क्योंकि उन्होंने हमें अनेक अवसरों पर मानसिक यातना से मुक्ति दिलाई है। दूसरा सिद्धांत जिस पर हम दृष्टि डालेंगे, वह विशेष रूप से सहायक है, किंतु हमें लगता है कि अन्य तीन भी अत्यंत महत्त्वपूर्ण हैं।

डॉन मिगुएल रुइज़ ने अपनी किताब द *फ़ोर एग्रीमेंट्स* में टोलटेक संस्कृति पर आधारित ख़ुशहाल जीवन जीने के लिए चार सिद्धांत बताए हैं। लेखक के अनुसार, जिनके साथ हमारी टेलीफ़ोन पर लंबी और अच्छी बातचीत हुई, दुख से बचने के लिए, हमें इन सिद्धांतों पर अमल करना चाहिए।

आइए, देखें ये कौन-से सिद्धांत हैं:

1. *शब्दों के प्रयोग में सावधान रहें।* आप जो भी कहें, उसमें त्रुटिहीन रहने का प्रयास करें। रुइज़ के अनुसार, 'त्रुटिहीन शब्द' वे होते हैं, जिनसे किसी को क्षति नहीं पहुँचती। शांतिपूर्ण जीवन के लिए यह आवश्यक है कि हम ईमानदार रहें और हम जो कहते हैं, हमें उसी के अनुसार काम करना चाहिए, चाहे वह अपने लिए हो अथवा दूसरों के लिए।

   अन्य परंपराओं के समानांतर नियम :

   - झूठ न बोलना, ईसाई और यहूदी धर्म की अनेक आज्ञाओं में से एक है।
   - अन्य परंपराओं में झूठ बोलना पाप नहीं माना जाता, किंतु जब भी हम असत्य या कुछ ऐसा बोलते हैं, जो दूसरों के लिए हानिकारक हो सकता है, तो हमारे कर्मों पर इसका परिणाम पड़ता है।
   - गाँधीजी ने इस बारे में कहा था : "ख़ुशी तब मिलती है जब आप जो सोचते हैं, जो करते हैं और जो कहते हैं, उन तीनों में सामंजस्य होता है।"

2. *किसी बात को दिल पर न लें।* यदि कोई व्यक्ति या वस्तु आपका विरोध करती है, तो उस बात दिल से न लगाएँ। हर व्यक्ति जीवन में अपनी परिस्थिति के हिसाब से दुनिया को देखता है, और वह जो करता या कहता है, इससे हमारे बारे में नहीं, अपितु उसी व्यक्ति के बारे में पता लगता है। रुइज़ बताते हैं कि यह दूसरा सिद्धांत क्रोध, घृणा, ईर्ष्या जैसी भावनाओं को दूर करने में हमारी मदद करता है।

अन्य परंपराओं के समानांतर नियम:

- जैसा कि हमने इस अध्याय के पहले भाग में देखा कि क्रोध, ईर्ष्या और जलन को घातक पापों में शामिल किया गया है और ये हिंदू धर्म के छह शत्रु भी हैं। यह सिद्धांत हमें इन्हीं अवांछनीय भावनाओं को दूर रखने में मदद करेगा।

3. *अनुमान न लगाएँ।* इस बात की कल्पना करना कि दूसरे लोग आपके या दूसरों के बारे में क्या सोच रहे हैं, एक बहुत बड़ी भूल है, क्योंकि इसके कई अन्य कारण हो सकते हैं, जो आप नहीं जानते। यह अनुमान लगाना कि दूसरे क्या सोच रहे हैं, हमारे दुख को केवल और बढ़ाने का काम करता है। हम लगभग हमेशा ही दुनिया को एक विकृत लेंस से देखते हैं, जिसे हम सच मान बैठते हैं।

   अन्य परंपराओं के समानांतर नियम:

   - यह सिद्धांत, हिंदू धर्म के छह शत्रुओं में से एक, मोह (भ्रम) के समान है। आस-पास की दुनिया और अन्य लोगों की बहुत-सी चीज़ों के बारे में कोई धारणा बनाना मन के लिए ज़हर के समान है, क्योंकि इससे केवल दुख होता है।

4. *किसी भी काम को यथासंभव अच्छे ढंग से करें।* यह सिद्धांत आपके जीवन के हर पल में सर्वश्रेष्ठ प्रयास करने के लिए एक तरह का निमंत्रण है। जापानी लोगों के पास इसके लिए एक शब्द है, गनबाते, जिसका अर्थ है 'अपना सर्वश्रेष्ठ प्रदर्शन करो'। आप इस सिद्धांत को ख़ुद के साथ और दूसरों के साथ व्यवहार करने के समय लागू कर सकते हैं।

अन्य परंपराओं के समानांतर नियम:

- हर काम को यथासंभव अच्छे ढंग से करना और दूसरों के साथ यथासंभव सर्वोत्तम व्यवहार करना लगभग सभी धर्मों में बताया गया है। आइए, हम निम्नलिखित ईसाई आज्ञाओं को याद रखें: ''अपने पड़ोसी से अपने समान ही प्रेम करो।''
- जीवन में सर्वोत्तम कार्य करने के लिए, हमें हिंदू धर्म के छह शत्रुओं में से किसी का भी शिकार नहीं बनना चाहिए अथवा सात घातक पापों के प्रलोभन में नहीं पड़ना चाहिए और न ही पाँच बाधाओं से प्रभावित होना चाहिए।

फ्रैंकलिन विधि से अपने प्रथम पुरुषार्थ (धर्म) में सुधार

पहला पुरुषार्थ धर्म, क़ानून के अनुसार, सही, नैतिक कर्तव्य और सदाचार के साथ कार्य करने से संबंधित है।

सद्गुणी व्यक्ति बनना सरल नहीं है। हम सब अपनी भावनाओं और स्वार्थ के बीच संतुलन बनाए रखने के लिए संघर्ष करते हैं। साथ ही हमें यह भी ध्यान रखना होता है कि हमें क्या करना चाहिए।

बेंजामिन फ्रैंकलिन ने उन तेरह गुणों से युक्त एक पद्धति तैयार की, जो वे अपने भीतर विकसित करना चाहते थे। इसके संस्थापक और उस बहुश्रुत विद्वान ने एक साप्ताहिक नोटबुक का इस्तेमाल किया, जिसमें हर सप्ताह, एक विशिष्ट गुण विकसित करने के प्रति समर्पित था। प्रत्येक दिन उसे अपने कार्यों से यह दर्शाना होता था कि उसने किसी एक गुण को अपनाया है – उदाहरण के लिए, धैर्य और फिर उस बॉक्स को चेक करना होता

था, जिससे यह पता लगता था कि उसने दिन का वह कार्य पूरा कर लिया है।

यदि वह एक सप्ताह में सात चेक मार्क हासिल कर लेता था, तो अगले सप्ताह ख़ुद को एक नया गुण अपनाने की अनुमति देता था। जब वह तेरह गुणों को विकसित करने में सफल हो जाता तो, पूरी प्रक्रिया को फिर से शुरू करता था।

ऐसा मानते हैं कि फ्रैंकलिन ने कहा था, ''ख़ुशी, हर दिन मिलने वाले छोटे-छोटे सुखों में निहित है, न कि किसी बड़े सुख में, जो व्यक्ति को पूरे जीवन में कभी-कभार ही मिल पाता है।''

बतौर अंतिम अभ्यास, हमारा सुझाव है कि आप फ्रैंकलिन पद्धति का सरल रूप आज़माएँ तथा अपनी उस एक बात पर ध्यान केंद्रित करें,जो आपको पसंद नहीं है।

- कोई ऐसी आदत या रवैया चुनें, जिसे आप छोड़ना चाहते हैं, क्योंकि यह आपके जीवन में कोई सकारात्मक योगदान नहीं देता, ख़ुशी तो दूर की बात है।
- उन छोटी-छोटी चीज़ों की सूची बनाएँ, जिन्हें आप बदल सकते हैं तथा उन कार्यों की सूची बनाएँ, जिन्हें करके आप स्वयं को इस बोझ से मुक्त कर सकते हैं।
- अपने लिए एक लक्ष्य निर्धारित करें कि आप उस चीज़ से ख़ुद को मुक्त करने के लिए कोई एक कार्य करेंगे, जो आपको पसंद नहीं है।
- यदि आप सात दिनों तक ऐसा करने में सफल हो जाते हैं, तो अपने आप को पुरस्कृत करें।

कर्म

आपके जीवन का इतिहास

कर्म के अर्थ को लेकर अलग-अलग दृष्टिकोण हैं। कुछ भारतीय धर्मों के लिए, कारण और प्रभाव का यह सिद्धांत व्यक्ति के जीवन से परे है और उसके पुनर्जन्म को तक प्रभावित करता है। सरल शब्दों में, यदि हम इस जीवन में आध्यात्मिक प्रगति कर पाएँ हैं, तो हमारा अगला जन्म एक श्रेष्ठ प्राणी के रूप में होगा और यह क्रम तब तक जारी रहेगा, जब तक हम जन्म और मृत्यु के चक्र से मुक्त नहीं हो जाते, परंतु यदि हमने अच्छा जीवन नहीं जिया है, तो हम किसी निम्न प्राणी, यहाँ तक कि पशु के रूप में भी जन्म ले सकते हैं।

यद्यपि हमारा विश्वास पारलौकिकता में हो, तो भी हम इस अध्याय में देखेंगे, कर्म का सिद्धांत, दुनिया को समझने तथा जीवन में प्रगति करने के ढंग को बदलने में सहायक हो सकता है।

कर्म पुलिस

ब्रिटिश बैंड रेडियोहेड ने अपने गीत 'कर्म पुलिस' में प्रतिशोध के संदर्भ में चेतावनी दी थी कि हम जो बोते हैं, वही हमें काटना पड़ता है।

जब हम यह मान लेते हैं कि हर कार्य का परिणाम होता है, तो हमारा भाग्य, प्रतिदिन लिए जा रहे हज़ारों निर्णयों में से प्रत्येक का फल बनकर सामने आता है। जो लोग जीवन में भटक जाते हैं, उनमें जीवन को नियंत्रित करने वाले कारण और प्रभाव के इस सिद्धांत के प्रति जागरूकता का अभाव होता है।

यदि कुछ बुरा होता है, तो लोग इसके लिए बुरी क़िस्मत, दूसरों की निर्दयता या दुनिया में व्याप्त अन्याय को दोषी मानने लगते हैं। अपने भाग्य के प्रति उत्तरदायित्व का अभाव हमें परिस्थितियों और कभी-कभी अंधविश्वास का दास बना देता है।

हम सब ऐसे लोगों को जानते हैं, जो अच्छा भाग्य पाने के लिए लकड़ी को स्पर्श करते हैं या कोई अन्य रीति-रिवाज निभाते हैं और यह भूल जाते हैं कि हमारा भाग्य, हर पल हमारे अपने कार्यों, शब्दों और विश्वासों के साथ निर्मित होता जाता है।

यदि आप चाहते हैं कि कर्म आपका पक्ष ले, तो आपको उसके सिद्धांत के अनुसार काम करना होगा और जब कुछ ग़लत हो जाए, या आपको पीड़ा हो, तो अपने ख़ुद से ये प्रश्न पूछने चाहिए:

- इस स्थिति में मेरा क्या योगदान है?
- मैं और क्या कर सकता था, जिससे मुझे इसका अलग परिणाम मिलता?
- जीवन का पहिया मेरे पक्ष में घूमने लगे, इसके लिए भविष्य में मुझे क्या बदलाव करना चाहिए?

जब हम अपने कार्यों के परिणाम को स्पष्ट रूप से देखने लगते हैं, तो उस समय हमारा कर्म, प्रकाश बन जाता है, जो हमें अपनी प्रकृति को जानने और प्रगति को पूर्ण रूप से देखने का अवसर प्रदान करता है। इस अर्थ में देखें, तो हमें अपने विवेक को जागृत करने की आवश्यकता है, और यह दुष्चक्रों से बाहर निकलने तथा ख़ुद को बेहतर बनाने का निमंत्रण है।

कर्म को समायोजित करने के लिए प्रश्न

''मेरे कर्म ही मेरी सच्ची संपत्ति हैं। मैं अपने कर्मों के परिणामों से बच नहीं सकता। मेरे कर्म ही वे आधार हैं, जिस पर मैं टिका हूँ,'' वियतनामी भिक्षु थिच नहत हान हमें बुद्ध की अपनी स्मृतियों में से पाँचवी स्मृति की याद दिलाते हुए कहते हैं।*

हालाँकि कई पश्चिमी लोग कर्म के सिद्धांत को बौद्ध दर्शन से जोड़ते हैं, लेकिन वास्तव में यह बौद्ध धर्म से भी प्राचीन है। इसका उल्लेख छांदोग्य उपनिषद में मिलता है, जिसकी रचना आठवीं और छठी शताब्दी ईसा पूर्व के बीच में हुई थी। हिंदू धर्म की यह दूसरी पवित्र किताब, बौद्ध धर्म, जैन धर्म एवं अन्य धर्मों में भी विद्यमान है।

उपनिषदों और समस्त वैदिक साहित्य की भाषा संस्कृत में, *कर्म* का अर्थ है 'कार्य' और सभी धर्म इसी तरह इसकी व्याख्या करते हैं: यह प्रभाव की ब्रह्मांडीय ऊर्जा की तरह है, जिसमें प्रत्येक कार्य का परिणाम होता है।

हमारा धार्मिक रुझान कुछ भी हो, किंतु हर व्यक्ति के ऊपर अपने कर्म का निर्माण करने का उत्तरदायित्व है। कर्म केवल काम में ही नहीं,

---

* *थिच नहत हान* द्वारा लिखित *अंडरस्टैंडिंग अवर माइंड* से (न्यू यॉर्क: पैरलैक्स प्रेस, 2002.

अपितु शब्दों और विचारों में भी निहित है, क्योंकि ये दोनों ही भविष्य के कर्मों के बीज हैं और इस प्रकार इनसे कर्म उत्पन्न होते हैं।

पुनर्जागरण के महान प्रणेता लियोनार्डो दा विंची ने हमें कहा था, ''हर चीज़ एक-दूसरे से जुड़ी हुई है।''

अंतहीन गाँठ

यह कोई संयोग नहीं है कि कर्म चक्र को दर्शाने के लिए एक अनंत गाँठ का प्रयोग किया जाता है, जिसकी गतिशीलता, लेखक और डॉक्टर दीपक चोपड़ा के अनुसार, कोई अनुभव बनाकर प्रवाहित होती है, जिससे स्मृति का निर्माण होता है, जो फिर बदले में कल्पना और इच्छा उत्पन्न करती है और इसी से नए कार्यों के लिए प्रेरणा प्राप्त होती है।

अत: अपने कर्म पर नियंत्रण पाने के लिए हमें अग्रलिखित की उपयुक्तता पर प्रश्न करना चाहिए:

- *हमारे कार्य*, जिनसे परिणाम उत्पन्न होते हैं, हमें एक निश्चित तरीक़े से प्रतिक्रिया देने के लिए विवश करते हैं। क्या अपने और दूसरों के लिए कार्य करने का मेरा ढंग उत्तम है?

- *हमारे शब्द* क्योंकि ये ख़ुशी या दुख, निकटता अथवा दूरी, सफलता या असफलता का कारण बन सकते हैं। हमारे कामों की तरह, हमारा भाग्य हमारे कहे शब्दों पर निर्भर करता है। डॉन मिगुएल रुइज़ ने द फ़ोर एग्रीमेंट्स में पूछा है: क्या मेरा शब्दों का प्रयोग त्रुटिहीन है?
- *हमारे विचार और इच्छाएँ,* चूँकि वे हमारे शब्दों और कार्यों की दिशा निर्धारित करते हुए हमारी वास्तविकता का निर्माण करती हैं। क्या मेरी सोच स्पष्ट है? क्या मेरी इच्छाएँ उन चीज़ों से मेल खाती हैं, जिनकी मुझे वास्तव में ज़रूरत है, ताकि मैं संतुष्ट रह सकूँ और दूसरों को भी खुश रख सकूँ?

इन प्रश्नों का समय-समय पर उत्तर देते रहना हमारे कर्म को समायोजित करने का सबसे अच्छा तरीक़ा है।

तात्कालिक कर्म

हिंदू धर्म में तीन प्रकार के कर्म बताए गए हैं, जो क्रिया के क्षण पर निर्भर हैं। प्रारब्ध, वह कर्म है, जो कार्य करते समय प्रकट होता है; संचित कर्म, हमारे मन में रहता है और भविष्य में उत्पन्न होने वाली स्थितियों में प्रकट होता है और हमें मूल भाव की ओर वापस ले जाता है; और आगामी, किसी दोहराए गए कार्य के बाद भविष्य में प्रकट होने वाला कर्म है। कर्म चाहे जैसे भी हुआ हो, उसके परिणाम अवश्य प्रकट होते हैं।

इस पलटकर आने वाले कारक के हास्य और विरोधाभासी पहलू हो सकते हैं। उदाहरण के लिए, ऐसे हास्य वीडियो देखने को मिलते हैं, जिनमें ग़लत व्यवहार करने वाले व्यक्ति को तुरंत ही अपने कर्म का फल मिल जाता है। एक जर्मन कहावत है, जो इस तरह के तात्कालिक कर्म का वर्णन करती है: ''भगवान, छोटे पापों का दंड तुरंत देते हैं'' – उदाहरण के लिए, किसी पर चिल्लाने अथवा क्रोध करने के बाद तुरंत ही हमारा सिर किसी चीज से टकरा जाता है।

किसी को उसके कर्म का फल प्रदान करने की इच्छा करने वाले व्यक्ति के कर्म पर, सकारात्मक अथवा नकारात्मक, प्रभाव अवश्य पड़ता है।

अपने गीत 'इंस्टैंट कर्म!' में जॉन लेनन ने यह बात कही है कि ''हम सब अच्छा करें'', जो आत्मज्ञान की ओर संकेत करता है। उस समय हम कारण और प्रभाव को लेकर पूर्ण रूप से सचेत होते हैं, इसलिए हम अपना जीवन सत्कार्यों में व्यतीत कर सकते हैं।

इतिहास को दोहराना बंद करें

अच्छे कर्म करने के लिए, हमारा अनुभव, कल्पना और इच्छा, अच्छाई की ओर उन्मुख होनी चाहिए, क्योंकि हम संसार को जो कुछ देते हैं, वह हमें भी प्रभावित करता है। इसे पाने के लिए, हमें सकारात्मक आदतें विकसित करनी चाहिए। बृहदारण्यक उपनिषद कहता है, ''अच्छे कर्म करने वाला व्यक्ति अच्छा हो जाता है।''

तराजू के दूसरी ओर वे लोग होंगे, जो सदा एक ही पत्थर से ठोकर खाते हैं, जैसा कि हम धम्मपद में पढ़ते हैं, जिसमें बुद्ध ने कहा है: ''मूर्ख और अल्पबुद्धि लोग अपने ही शत्रु हैं, क्योंकि वे बुरे कर्म करते हैं, जिनके फल कड़वे होते हैं।''

चूँकि हम अपने कर्म को केवल स्वीकृति द्वारा तथा अपने व्यवहार के लिए उत्तरदायी होकर ही प्रभावित कर सकते हैं, इसलिए इसका एक नियम हमें याद दिलाता है: आप जिस चीज़ को स्वीकार नहीं करेंगे, वह आपके साथ बार-बार घटित होती जाएगी।

इसलिए कर्म - जो हमारे जीवन में घटता है - एक प्रकार का विद्यालय है, जो हमें अपने अंतःकरण को शुद्ध रखना सिखाता है।

एक प्रसिद्ध तिब्बती दंतकथा है, जिसे लामा न्योशुल खेंपो पाँच भागों में सुनाया करते थे।

1. मैं सड़क पर चल रहा हूँ। फुटपाथ पर एक गहरा गड्ढा है। मैं उसमें गिर जाता हूँ। मुझे पता नहीं मुझे क्या करना चाहिए... मैं असहाय हूँ। इसमें मेरी कोई ग़लती नहीं है। मुझे उसमें से बाहर निकलने का रास्ता ही नहीं मिलता।
2. मैं उसी सड़क पर चल रहा हूँ। फुटपाथ पर एक गहरा गड्ढा है। मैं उसे अनदेखा करने का ढोंग करता हूँ। मैं फिर से उसमें गिर जाता हूँ। मुझे विश्वास नहीं होता कि मैं फिर उसी जगह पर हूँ, लेकिन इसमें मेरी कोई ग़लती नहीं है। मुझे वहाँ से बाहर निकलने में बहुत समय लगता है।
3. मैं उसी सड़क पर चल रहा हूँ। फुटपाथ पर एक गहरा गड्ढा है। मैं उसे देख लेता हूँ, फिर भी मैं उसमें गिर जाता हूँ... यह मेरी आदत है। मेरी आँखें खुली हैं। मैं जानता

हूँ कि मैं कहाँ हूँ। यह मेरी ग़लती है। मैं तुरंत बाहर निकल आता हूँ।

4. मैं उसी सड़क पर चल रहा हूँ। फुटपाथ पर एक गहरा गड्ढा है। मैं उसके बचकर निकल जाता हूँ।
5. मैं एक दूसरी सड़क पर चलने लगता हूँ।

कर्म संबंधी आदेश

हमने देखा कि कर्म का सिद्धांत कोई सज़ा नहीं, बल्कि फुटपाथ के गड्ढे वाली कहानी में दर्शाए गए व्यक्ति की तरह सीखने और जागरूकता के साथ जीने तथा अपना मार्ग चुनने का एक अवसर है। हमारे वर्तमान कार्य हमारे भविष्य को निर्धारित करते हैं और पिछली ग़लतियों की भरपाई भी करते हैं, जैसा कि फ़िल्म *बैक टू द फ़्यूचर* में दिखाया गया है।

हालाँकि, उस फ़िल्म की तरह, हम अतीत में वापस जाकर किसी कार्य को बदल नहीं सकते, लेकिन हम उससे सीख सकते हैं,ताकि भविष्य में उसी कार्य को अलग तरह किया जा सके।

इसके लिए हमें इन कर्म संबंधी आदेशों का पालन करना चाहिए:

1. *आप जो बोते हैं,* वही काटते हैं अर्थात, आप जो देते हैं, वही आपको मिलता है। यह कारण और प्रभाव के सिद्धांत पर आधारित है। कुछ आध्यात्मिक परंपराओं में कहा गया है कि बुराई, दस गुना होकर लौटती है।
2. *दयालु और उदार होने का अभ्यास कीजिए।* हमारा उद्देश्य अपने और अपने आस-पास के वातावरण लिए सर्वश्रेष्ठ प्रयास करना है, क्योंकि वह वातावरण भी हमसे अलग नहीं है।

3. *आप जिस चीज़ को स्वीकार नहीं करेंगे,* वह आपके साथ बार-बार घटित होगी। उस गड्ढे वाली कहानी की तरह, हमें अपनी ग़लतियों को विनम्रता से स्वीकार करना और बतौर मनुष्य विकसित होते रहना चाहिए।
4. *ज़िम्मेदारी लीजिए।* जब हमारे जीवन में अनेक अप्रिय घटनाएँ घटती हैं, तो हमें यह देखना चाहिए कि हम भीतर से कैसे हैं, क्योंकि हमारा बाहरी जीवन प्रायः हमारे भीतरी स्वरूप का ही दर्पण होता है।
5. *संबंध को समझिए।* हमें यह समझना होगा कि सबकुछ परस्पर जुड़ा हुआ है और छोटा-सा संकेत भी बड़े सकारात्मक या नकारात्मक परिणाम उत्पन्न कर सकता है।
6. *ध्यान केंद्रित कीजिए।* एक ही बार में सबकुछ करने की कोशिश न करें। जीवन के सबक़ को प्रामाणिक बनाने के लिए यह ज़रूरी है कि हम अपने प्रयासों को छोटे-छोटे लक्ष्यों तक सीमित रखें, क्योंकि इसी से हमें ख़ुद बेहतर होने में मदद मिलती है।
7. *वर्तमान में रहिए।* आप अपने कर्म वर्तमान स्थान और क्षण में विकसित करते हैं। अतीत से बँधकर रहना छोड़ दीजिए।
8. *बदलाव के लिए अपने व्यवहार में सुधार कीजिए।* जैसे गलती से आइंस्टाइन के नाम पर चल रही यह कहावत कहती है, ''पागलपन की परिभाषा यही है कि एक ही काम को बार-बार करते हुए भी अलग-अलग परिणामों की अपेक्षा की जाए।''

9. *धैर्य रखिए।* अच्छे कर्मों में धीरे-धीरे और शांतिपूर्वक वृद्धि होती है और उनका फल मिलने में समय लगता है।
10. *प्रयास जारी रखिए।* केवल एक दिन पुण्य करना, समुद्र में एक बूँद के समान है। हम अपने जीवन को केवल चेतना और निरंतरता से ही आकार दे सकते हैं।

जीवन के चालक तंत्र का पुनः आरंभ

जब हम बिना शर्त अपना सर्वश्रेष्ठ प्रयास करते हैं, तो कर्म हमारे पीछे-पीछे चलता है। ताओवादी दार्शनिक लाओ-त्ज़ु बताते हैं कि हम अपने जीवन के चालक तंत्र को फिर कैसे आरंभ कर सकते हैं: ''सार्वभौमिक मार्ग का अनुसरण करने का अर्थ है निस्वार्थ भाव का अभ्यास करना और बिना शर्त संसार में सद्गुण का प्रसार करना। इस तरह व्यक्ति न केवल कई जन्मों से जमा हुए भारी संदूषण को समाप्त कर पाता है, अपितु अपने मूल दिव्य स्वभाव को पुनर्स्थापित करने की संभावना भी पैदा करता है...''

कर्म, एक ऐसी कहानी की तरह है, जिसे हम बहुमुखी प्रारूप में व्यक्त करते हैं: यही जीवन है। व्यक्तिगत सुधार पर आधारित ज़िम्मेदार जीवन, जिसमें दंड या पुरस्कार पर कोई विचार नहीं होता, एक तरह का ख़ाली पृष्ठ है, जिसकी याद हमें कर्म हर क्षण दिलाना चाहता है। और इस ख़ाली पृष्ठ पर हम चुन सकते हैं कि हमें नकारात्मकता और आक्रोश व्यक्त करना है अथवा प्रकाश एवं प्रेम।

कहते हैं, बुद्ध के शिष्य आनंद ने एक बार अपने गुरु का अभिवादन करते हुए कहा, ''प्रभु, प्रशंसनीय मैत्री, प्रशंसनीय संगति और प्रशंसनीय सौहार्द, ये पवित्र जीवन का आधा ही भाग है।'' ''ऐसा मत कहो, आनंद।

ऐसा मत कहो,'' गुरु ने उत्तर दिया। ''प्रशंसनीय मित्रता, प्रशंसनीय संगति और प्रशंसनीय भाईचारा ही वास्तव में जीवन का पूर्ण सार है।''

हमारा प्रत्येक कार्य, प्रत्येक शब्द और प्रत्येक विचार, हमारे कर्म को पोषित करता है। ये सब बीज हैं, जिनमें से दुख या सुख के फूल में खिलते हैं।

संसार एवं निर्वाण

यदि हम ब्रह्मांड की प्रकृति का अन्वेषण करें, तो सबसे पहली विशेषता, जिसे हम सुनिश्चित मान लेते हैं, वह इसका द्वैत पक्ष है: प्रकाश और अंधकार, जीवन और मृत्यु, सकारात्मक और नकारात्मक को अलग नहीं किया जा सकता।

हम यह समझने की कोशिश कर सकते हैं कि एक क्षण के लिए मंडल के सुखदायक निर्माण का विचार करके उस अंतर में हर चीज़ का अर्थ मिल जाता है, जो विभिन्न दृश्य तत्त्वों को संतुलित करके इस सार्वभौमिक अनंतता और सद्भाव का सटीक रूप से प्रतिनिधित्व करता है। उदाहरण के लिए, हम सबसे प्रसिद्ध मंडलों में से एक, ताइजितु की कल्पना कर सकते हैं। इसके पूरक यिन और यांग, ताओवाद में इस द्वंद्व का प्रतीक हैं।

इसी तरह, हम यह भी समझ सकते हैं कि दुख और मुक्ति इस दोहरे समीकरण का हिस्सा हैं। या जो समान है: संसार और निर्वाण से ही जीवन-चक्र बनता है। संसार शब्द का संस्कृत मूल अर्थ है: 'विभिन्न अवस्थाओं से गुज़रना', यहाँ तक कि 'भटकना' है, क्योंकि यह उस मार्ग की ओर संकेत करता है, जो आसक्ति और भ्रम से होकर निर्वाण की गहरी आंतरिक शांति तक ले जाता है।

आत्मा का लंबा और घुमावदार मार्ग

जैसा कि पॉल मेकार्टनी ने बीटल्स के गीत *'द लॉन्ग ऐंड वाइंडिंग रोड'* में कहा था, जब हम जीवन में एक के बाद एक आने वाले उतार-चढ़ाव और सीखने के अनुभवों के विषय में बात करते हैं, तो हमें कभी-कभी थकावट होने लगती है और ऐसा महसूस होता है कि जीवन को झेलना हमारे वश में नहीं है।

कुछ आध्यात्मिक परंपराओं के अनुसार, हमारे अस्पष्ट कार्यों, शब्दों और विचारों से उत्पन्न होने वाले संचित कर्म का ऋण, हमें विभिन्न शरीर धारण करके जन्म और मृत्यु के चक्र में तब तक यात्रा करवाता है, जब तक हम उस ऋण का पूरा भुगतान नहीं कर देते।

पुनर्जन्म का यही प्रवाह, हमें जीवन के सबक़ सिखाता है, ताकि हम अपने श्रेष्ठ स्वरूप को प्राप्त कर सकें। बुद्ध ने कहा, ''जो जाग रहा है, उसके लिए रात लंबी है; जो थक गया है, उसके लिए रास्ता लंबा है; उस मूर्ख के लिए जीवन लंबा है, जो यह सिद्धांत नहीं समझता कि यह 'सिद्धांत' हमारी क्षमता में सुधार करने और अपनी चेतना को जागृत करके अपनी आकांक्षा को पूरा करने में सहायक है।''

परंतु संसार से निर्वाण, अचेतन से चेतन, अंधकार से प्रकाश की ओर यात्रा करने के लिए मृत्यु के उपरांत जीवन में विश्वास करना आवश्यक नहीं है। हम अपने इसी अस्तित्व में रहते हुए और जो दिन हम जी रहे हैं, उसी में रहकर भी यह मार्ग तय कर सकते हैं।

अपने मार्ग की बाधाओं को हटाने और रास्ता साफ़ करने के लिए हमें स्वयं से ये प्रश्न पूछने चाहिए:

- मेरे मार्ग में कौन-सी बाधाएँ हैं? (ये विश्वास, बुरी आदतें, भूल से किए गए कार्य हो सकते हैं।)

- यदि मुझे इनके बारे में पता है, तो मैंने इन्हें अब तक मार्ग से हटाया क्यों नहीं?
- मैं निर्वाण की ओर अपना मार्ग प्रशस्त करने के लिए अब किस प्रकार कार्य करूँगा?

घुमक्कड़ प्रेमी

ब्रैम स्टोकर के उपन्यास *ड्रैकुला* पर आधारित फ्रांसिस फ़ोर्ड कोपोला की शानदार फ़िल्म के एक दृश्य में, पिशाच अपनी प्रेमिका मीना से कहता है, ''मैंने तुम्हें पाने के लिए समय के महासागर पार किए हैं।'' काउंट की अमरता को देखते हुए, यह कई जन्मों पहले उत्पन्न हुआ प्रेम है। इसके बावजूद, प्रेमी एक-दूसरे को पहचान लेते हैं।

आध्यात्मिक दृष्टिकोण से, अमर लालसा ईश्वर के साथ विलय है, जो यह दर्द से राहत और ब्रह्मांड के साथ शाश्वत प्रेम की क्षमता प्रदान करती है।

इस मिलन, या निर्वाण तक, इस संसार में भटक रहे और कर्मों को साझा कर रहे प्रेमी भी एक-दूसरे को 'युगल लपट' की तरह फिर से पा सकते हैं। पहली नज़र में हुआ प्रेम हमें उत्साह से भर देता है और हमें पूर्वानुभाव का अहसास कराता है, मानो हम उस पल को पहले भी जी चुके हैं। ऐसे ही क्षणों में हम कुछ ऐसा कहते हैं, ''मुझे लगता है, जैसे हम एक-दूसरे को बहुत पहले से जानते हैं।''

क्या इसका अर्थ यह है कि हमें पिछले जीवन में भी एक-दूसरे से प्रेम था?

कुछ लोग इस बात पर आश्चर्यचकित होते हैं, जबकि अन्य लोग, यह जानते हुए कि संसार उन्हें फिर से मिला देगा, उस मिलन की नींव रख देते हैं, जैसे शाहजहाँ ने 1631 में अपनी प्रिय पत्नी की मृत्यु के बाद उसके सम्मान में ताजमहल का निर्माण कराया। शाहजहाँ को उसकी प्रेमिका के बग़ल में दफ़नाया गया, ताकि वे दोनों सदा के लिए एक साथ एक मार्ग पर चल सकें।

हम भावनाओं, छवियों और क्षणों के निरंतर क्रम का अनुभव करते हैं, जो कर्म के प्रवाह को तेज़ करता है। हिंदुओं का मानना है कि जब तक आत्मा, इस भ्रम (माया) में रहती है कि शरीर और यह अस्थायी संसार ही सब कुछ है, तब तक वह इस तथ्य, कि हम ईश्वर से अलग नहीं हो सकते, से अनभिज्ञ होने के कारण संसार में पीड़ा भोगती रहेगी।

सांसारिक चक्र

सांसारिक चक्र अथवा जीवन का चक्र, छह अवस्थाओं की यात्रा को दर्शाता है, जिन्हें क्षेत्र कहा गया है और यह यात्रा तब तक चलती है, जब तक निर्वाण प्राप्त नहीं हो जाता। प्रत्येक अवस्था में, हम दुख से मुक्ति की ओर बढ़ने के उद्देश्य से बुराई को त्यागना और सद्गुणों को अपनाना सीखते हैं।

कहते हैं, बुद्ध ने ज्ञानोदय के क्षण में अपने सभी पिछले जन्मों का विवरण दर्ज किया था। दूसरे शब्दों में, अस्तित्व के इन छह क्षेत्रों में से प्रत्येक में उनके अनुभव, उनकी स्मृति में स्पष्ट रूप से प्रकट हुए थे :

1. देव क्षेत्र, जो गर्व और ख़ुशी से भरा होता है।
2. असुर क्षेत्र, जो ईर्ष्या और जलन के लिए जाना जाता है।
3. मानुष क्षेत्र, जहाँ आसक्ति, इच्छा, संदेह और जुनून पाए जाते हैं।
4. तिर्यक (पशु) क्षेत्र, जो पूर्वाग्रह और मूर्खता से युक्त है।
5. प्रेत क्षेत्र, जो लोभ एवं अधिकार जताने वाला माना गया है।
6. *नरक* राज्य, जो दुख और क्रोध से भरा है।

इस लंबे और घुमावदार मार्ग पर चलते हुए, हम ध्यान, करुणा और परोपकार द्वारा आध्यात्मिक रूप से विकसित होते हैं और वैराग्य से मिलने वाले आनंद की खोज करते हैं। यह हमें निर्वाण की सीढ़ी पर चढ़ने की अनुमति प्रदान करता है, जिसे संसार के चक्र में प्रकाश की ओर जाने वाले मार्ग के रूप में अभिव्यक्त किया गया है। ग्यारहवीं और बारहवीं शताब्दियों के बीच हुए तिब्बती योगी मिलारेपा ने इसका वर्णन इस तरह किया है:

देखो और अपने अजन्मे मन की खोज करो;
संसार में संतुष्टि की तलाश मत करो।
मैं सारा ज्ञान अपने मन के अवलोकन द्वारा प्राप्त करता हूँ –
जो लोग अपने मन की प्रकृति को समझते हैं, वे जानते हैं
कि मन ही ज्ञान की जागरूकता है,
और वे अन्य स्रोतों से बुद्ध को खोजने की ग़लती नहीं करते
दरअसल, बुद्ध को खोजने से नहीं पाया जा सकता,
इसलिए अपने मन का अवलोकन कीजिए

यही सर्वोच्च शिक्षा है, जिसका व्यक्ति को अभ्यास करना चाहिए।[*]

प्रकाशित होने के लिए स्वयं बुझना होगा

अपनी आध्यात्मिक सुरंग के अंत में प्रकाश को देखना, निर्वाण कहा जाता है। यह शब्द मूल रूप से पाली भाषा का शब्द है, लेकिन इसका अनुवाद 'बुझाना' किया जाता है।

निस्संदेह, जब हमारी चेतना हमारे भीतर प्रज्ज्वलित होती है, तो हमें दिव्यता का अनुभव होता है और हम अपने अहंकार एवं सांसारिक संबंधों को से अलग हो जाते हैं, तब हमारी इच्छा, घृणा और अज्ञानता भी बुझ जाती है।

दार्शनिक एलन वॉट्स के अनुसार, निर्वाण तक पहुँचना, मार्ग पर चल रहे व्यक्ति को मिले संतोष का परिणाम है:

> संस्कृत में निर्वाण का अर्थ है श्वास को बाहर छोड़ना। इसका विपरीत, इच्छा करना, श्वास लेना है। अब, यदि आप श्वास भीतर लेते हैं और फिर उसे रोकते हैं, तो आपकी श्वास टूट जाती है, परंतु यदि आप श्वास बाहर छोड़ते हैं, तो वह आपके पास लौट आती है। इसलिए असल मुद्दा यह है: यदि आप जीना चाहते हैं, तो जीवन से चिपके मत रहो। उसका त्याग करना सीखिए।[†]

---

* पैट्रिक हेनरी द्वारा संपादित *बेनेडिक्ट्स धर्म* से (न्यू यॉर्क: रिवरहेड बुक्स, 2001): 106)

† एलन वॉट्स की द *वे ऑफ़ लिबरेशन* (न्यू यॉर्क: वेदरहिल, 1983)

रॉक संगीत से ज्ञान की प्राप्ति

धर्मनिरपेक्ष दुनिया में, बहुत-से लोग रचनात्मकता और कला द्वारा शांति का मार्ग तलाशते हैं। हम इस अध्याय को निर्वाण नामक बैंड का उल्लेख किए बिना समाप्त नहीं कर सकते, जिसने इस शब्द का आधुनिक संदर्भ में सर्वाधिक उपयोग किया और जिसने यह नाम चुनते समय आध्यात्मिक स्वतंत्रता पर विचार किया था।

निर्वाण के प्रताड़ित अग्रणी सदस्य कर्ट कोबेन ने संगीत को संसार से मुक्ति का मार्ग बताया: ''पंक, संगीत की स्वच्छंदता है। यह अपनी इच्छा के अनुसार कहना, करना और बजाना है। वेबस्टर के अनुसार, 'निर्वाण' का अर्थ है दर्द, पीड़ा और बाहरी संसार से मुक्ति, और यह पंक रॉक की मेरी परिभाषा के बहुत निकट है।''

भारत आध्यात्मिक पद्धतियों का उद्गम स्थल है, जिनका प्रसार पूरी दुनिया में हो चुका है। हमने हिंदू परंपरा से, योग और ध्यान को मोक्ष अथवा समाधि, यानी ज्ञान-प्राप्ति की अनमोल अवस्था के रूप में अपनाया है।

ध्यान के दौरान, जिसकी हम इस किताब के तीसरे भाग में चर्चा करेंगे, ध्यान का अभ्यास करने वाला चिंतन और मंत्रों की पुनरावृत्ति अथवा मंडलों के निर्माण की ओर मुड़ता है, जिसमें श्वास की प्रमुख भूमिका है। इसका उद्देश्य शारीरिक, भावनात्मक और मानसिक चेतना को पवित्रता के स्तर तक जागृत करना है।

अपनी भावनाओं पर नियंत्रण रखना, ख़ुद को अपने वास्तविक स्वरूप से जोड़ना और संघर्ष को स्वीकार करना, व्यक्तिगत निर्वाण के मार्ग के आरंभिक बिंदु हैं। नियमित रूप से ध्यान करना, लचीलापन, सहानुभूति और करुणा विकसित करना, अनासक्ति को बढ़ावा देना, वर्तमान में जीना और स्वस्थ आदतें अपनाना आदि आपकी सबसे क़ीमती 'संपत्ति' यानी अपने मस्तिष्क को स्पष्ट करने में मदद करेगा।

निष्कर्ष यह है कि संसार से निर्वाण तक का मार्ग, व्यक्तिगत खोज की एक प्रक्रिया है, जो हमें सौंदर्य की ओर ले जाती है। विख्यात कवि खलील जिब्रान अत्यंत सरलता से कहते हैं: "हाँ, निर्वाण है; यह भेड़ों को हरे-भरे चरागाह तक ले जाने में है, यह बच्चे को सुला देने में है और यह कविता की अंतिम पंक्ति लिखने में भी है।"*

---

* (खलील जिब्रान द्वारा लिखित सैंड ऐंड फ़ोम से (न्यूयॉर्क: नोपफ, 1926): 217)

III

आनंद का अभ्यास

अनिवार्य कल्याण के लिए भारत का व्यावहारिक ज्ञान

प्राणायाम

श्वास जीवन है

1980 के दशक में, फ्रामिंघम हार्ट स्टडी ने दीर्घायु होने के निर्धारण कारकों को लेकर एक आश्चर्यजनक बात बताई। हृदय रोग पर हुए इस शोध में बावन सौ लोगों से दो दशकों के डेटा संकलित किया गया था और इसमें यह निष्कर्ष निकला कि आनुवंशिकी, आहार या व्यायाम नहीं है, बल्कि फेफड़ों की क्षमता जीवन प्रत्याशा का सबसे बड़ा संकेतक है।

सत्तर वर्ष के शोध के बाद, यह स्पष्ट निष्कर्ष निकला: बड़े फेफड़े मतलब लंबी आयु। फेफड़ों की क्षमता बढ़ने से लंबी आयु और बेहतर स्वास्थ्य प्राप्त होता है।

प्राण ऊर्जा का विस्तार

इस अध्ययन पर जब पश्चिमी दुनिया में चर्चा हो रही थी, तब भारत को सचेतन श्वास के लाभों के विषय में कम से कम पाँच हज़ार वर्षों से जानकारी थी।

श्वास को समर्पित योग का यह क्षेत्र प्राणायाम कहलाता है। संस्कृत में प्राण का अर्थ है 'अनिवार्य ऊर्जा', और अयम का अर्थ है 'विस्तार'। श्वास से सभी की जीवन शक्ति का विस्तार होता है और आयु में वृद्धि होती है, जैसा कि फ्रामिंघम अध्ययन ने भी दर्शाया है।

प्राणायाम की व्युत्पत्ति पर एक अन्य स्वीकृत सिद्धांत, इसे प्राण और यम का संयोजन मानता है। इसमें यम शब्द का अर्थ है 'नियंत्रण', इसलिए ये श्वसन अभ्यास, व्यक्ति की अनिवार्य शक्ति को नियंत्रित करने की तकनीक का प्रतिनिधित्व करते हैं।

श्री स्वामी शिवानंद ने अपनी किताब *प्राणायाम विज्ञान* में इस बात की पुष्टि की है, ''जो कुछ चलता या कार्य करता है अथवा जिसमें जीवन है, वह प्राण की ही अभिव्यक्ति है।''

श्वास का विज्ञान

पैरासिंपेथेटिक तंत्रिकाएँ, हमारे सभी अंगों के कार्य को अचेतन रूप से नियंत्रित करती हैं। जिस समय हम तनाव और चिंता से मुक्त होते हैं, तो हमारी वह अवस्था होमियोस्टेसिस कहलाती है।

इस होमियोस्टेसिस अवस्था को खो देने से हम सुस्ती, उदासीनता और यहाँ तक कि अवसाद से ग्रस्त हो सकते हैं। हमें छोटा-मोटा काम करते हुए भी चिंता और तनाव महसूस हो सकता है।

यदि हमारा पैरासिंपेथेटिक तंत्र असंतुलित हो जाए, तो इस उदासीन अवस्था से बाहर निकलना कठिन हो सकता है। हम उस तंत्र पर नियंत्रण कैसे पा सकते हैं, जो सैद्धांतिक रूप में अनियंत्रित रहता है?

इसका एकमात्र तरीक़ा श्वास लेना है। आमतौर पर, हमें अपनी श्वास के प्रति सचेत रहने की ज़रूरत नहीं पड़ती, लेकिन हम चाहें, तो इसे नियंत्रित करने का विकल्प चुन सकते हैं।

श्वास पर नियंत्रण → पैरासिंपेथेटिक तंत्र पर प्रभाव → तनाव या अति सतर्कता का विनियमन (जैसे, हृदय गति को बढ़ा या घटाकर)।

हमारी श्वास को नियंत्रित करने के लिए अनगिनत व्यायाम हैं। आपके लिए कौन-सा श्वसन व्यायाम सही है?

जब बात श्वास की हो, तो चार ऐसे कारक हैं, जिन्हें हम समायोजित कर सकते हैं :

1. नाक अथवा मुँह से श्वास लेना। सामान्य तौर पर, हमें नाक से श्वास लेना चाहिए, या कम से कम नाक से श्वास लेकर और उसे मुँह से छोड़ना चाहिए।
2. श्वास और प्रश्वास की मात्रा।
3. हम जिस तरह से श्वास लेते और छोड़ते हैं: हमारा ध्यान श्वास को पेट भरने पर केंद्रित रहता है या फिर छाती भरने पर।
4. हम जिस लय से श्वास लेते हैं, उसे रोकते हैं और फिर छोड़ते हैं।

यह चौथा घटक, हमारी श्वास को नियंत्रित करने के लिए बहुत महत्त्वपूर्ण है। हम इसे निम्न ढंग से देख सकते हैं:

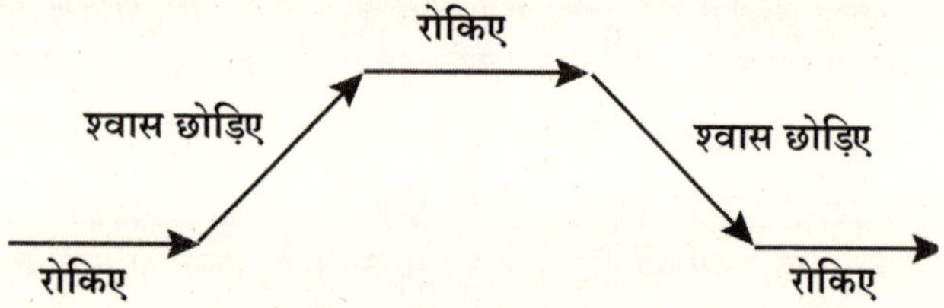

उच्च अथवा हँसली श्वास के चरण

जानिए, आपके मूड के अनुसार कौन-सा श्वास व्यायाम आपके लिए सही है:

क. यदि आपको सुबह उठते ही आलस्य महसूस होता है एवं स्वयं में ऊर्जा कम लगती है और आप तुरंत काम पर लगना चाहते हैं :

- *श्वास लेने* की अवधि, *श्वास छोड़ने* की अवधि से अधिक होनी चाहिए।

ख. यदि आप सुबह चिंतित महसूस करते हैं और थोड़ा आराम करना चाहते हैं :

- *श्वास छोड़ने* की अवधि, *श्वास लेने* की अवधि से अधिक लंबी होनी चाहिए।

ग. यदि आप ध्यान केंद्रित नहीं कर पा रहे और बेचैनी महसूस कर रहे हैं :

- *श्वास* छोड़ने और *श्वास* लेने की अवधि लगभग समान होनी चाहिए।

हा, जीवन का श्वास

श्वास को भारत में ही नहीं, अपितु दुनिया के अन्य हिस्सों में भी प्रमुख माना जाता है। उदाहरण के लिए, पैतृक हवाईयन संस्कृति में, एक अभिवादन होता है, जिसमें हा, यानी श्वास वायु का आदान-प्रदान किया जाता है। इसमें सामने वाले व्यक्ति की नाक से अपनी नाक को स्पर्श किया जाता है और उसी समय श्वास अंदर लेते हैं। जीवन के श्वास को साझा करना, मित्रता व्यक्त करने का सबसे गहरा तरीक़ा है। हवाईयन संस्कृति में, श्वास को अच्छे स्वास्थ्य की एक कुंजी माना जाता है, क्योंकि कहते हैं कि वायु में मन या आध्यात्मिक शक्ति का वास होता है।

सूर्य भेदन

आठ पारंपरिक प्राणायाम अभ्यास हैं, लेकिन शायद सबसे आम सूर्य भेदन है यानी दाएँ नथुने से श्वास लेना।

सूर्य भेदन में *'भेदन'* का अर्थ है 'छिद्र करना' अथवा 'प्रवेश करना'। योगिक परंपरा में, दायाँ नथुना, या *पिंगला नाड़ी*, वह द्वार है, जिसके माध्यम से सौर ऊर्जा भीतर प्रवेश करती है। इसके विपरीत, बायाँ नथुना, या इड़ा नाड़ी, चंद्र ऊर्जा का प्रवेश द्वार है। सौर ऊर्जा को शरीर में गर्म

और पुरुष-संबंधी जीवनी शक्ति समझा जाता है, जबकि चंद्र ऊर्जा, शांत और स्त्री-संबंधी जीवनी शक्ति है।

सूर्य भेदन अभ्यास ऊर्जा प्रदान करने वाला माना जाता है, जिसके करने के लिए सुबह का समय अनुकूल है। यह नाभि और मूलाधार चक्र के आस-पास के अंगों को उत्तेजित करता है, जिससे कुंडलिनी ऊर्जा जागृत होती है।

प्राण, शरीर में सौर ऊर्जा (सूर्य) के रूप में दाहिनी नासिका से प्रवेश (भेदन) करता है।

सूर्य भेदन के विभिन्न चरण

1. अपने योग मैट पर पैरों को क्रॉस करके *सुखासन* अथवा *पद्मासन* में बैठ जाएँ। सिर और रीढ़ को सीधी रेखा में रखना है, ताकि शरीर में ऊर्जा का प्रवाह सुगमता से हो सके।

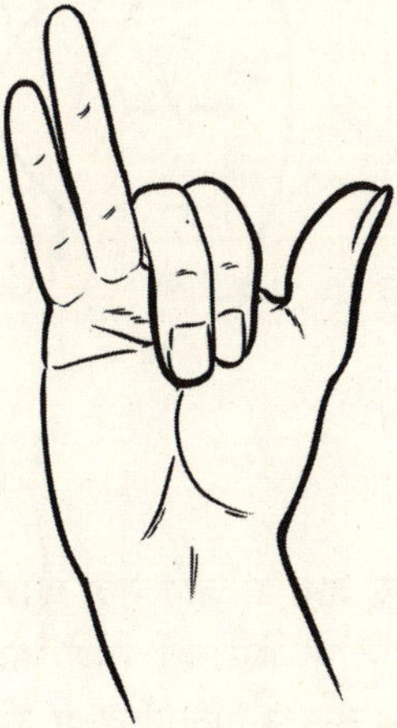

विष्णु मुद्रा

2. अपने दाहिने हाथ से विष्णु मुद्रा बनाएँ। अंगूठे, अनामिका और कनिष्ठिका को बाहर फैलाएँ तथा मध्यमा एवं तर्जनी को मोड़ लें। हाथ को अपने बाएँ नथुने के पास लाएँ और अनामिका से नथुने को बंद करें।

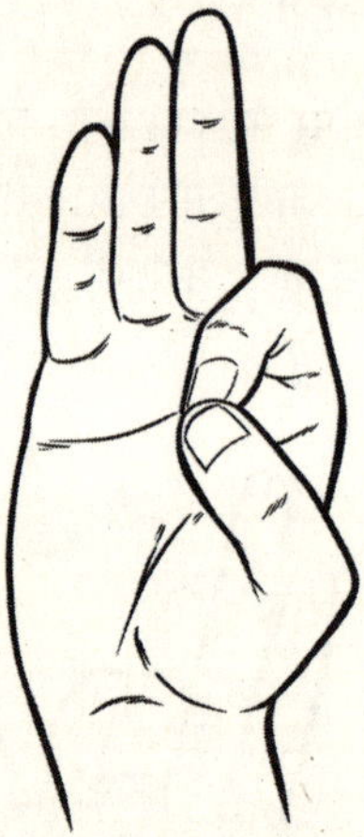

ज्ञान मुद्रा

3. अपने बाएँ हाथ से *ज्ञान मुद्रा* बनाएँ, जिसमें तर्जनी का सिरा अंगूठे के सिरे को स्पर्श करता हुआ वृत्त बनाए तथा अन्य तीन अँगुलियाँ बाहर की ओर फैली हुई हों।
4. अपनी बाईं नासिका को बंद रखते हुए, दाईं नासिका से श्वास भीतर लें।
5. फिर अपने अंगूठे से अपनी दाहिनी नासिका को बंद करें और श्वास रोक लें।
6. अपना बायाँ नथुना खोलें और श्वास छोड़ें।
7. अपने स्तर के अनुसार, *श्वास लेने-रोकने-छोड़ने* के दस चक्र करें :

- आरंभिक स्तर: 1:1:1 - एक सेकंड के लिए श्वास अंदर लें, एक सेकंड के लिए श्वास रोके रखें और एक सेकंड के लिए श्वास बाहर छोड़ें।
- उन्नत स्तर: 1:4:2 - आरंभिक स्तर पर दो सप्ताह अभ्यास करने के बाद आप अगले उन्नत स्तर पर जा सकते हैं।

श्वसन : एक उपकरण

श्वास लेने का एक सरल नियम यह है कि यदि आप श्वास छोड़ने की तुलना में श्वास लेने में अधिक समय लगाते हैं, तो आप सक्रिय हो जाते हैं। आपका शारीरिक तापमान बढ़ने लगता है और आपके हृदय की गति तेज़ हो जाती है। इस तरह श्वास लेने को कभी-कभी अग्नि श्वसन कहा जाता है और प्राय: सुबह के समय इसका अभ्यास किया जाता है। यह कॉफ़ी पीने जैसा है। इस अभ्यास से आपके रक्त में अतिरिक्त ऑक्सीजन जाती है।

दूसरी ओर, श्वास लेने की तुलना में अधिक देर तक श्वास छोड़ने से आपको आराम मिलता है। योग सत्र के अंत में जब आप चटाई पर लेटते हैं, तो इस तरह की श्वसन क्रिया का अभ्यास किया जाता है।

एक अन्य विधि को बॉक्स श्वसन कहते हैं, और इसे सेना द्वारा युद्ध की स्थितियों के लिए खोजा गया था। इस विधि में, श्वास को भीतर लेने और उसे बाहर छोड़ने की अवधि बराबर होती है। इसे करने से तनाव-ग्रस्त लोगों को

आराम मिलता है। घबराहट का दौरा रोकने की यह आदर्श विधि है, उदाहरण के लिए, विमान में आने वाला दौरा। इसे करना भी सरल है:

1. चार सेकंड तक श्वास भीतर लें।
2. चार सेकंड श्वास को रोक कर रखें।
3. चार सेकंड तक श्वास को बाहर छोड़ें।

4 (श्वास भीतर लेना): 4 (रोकना) : 4 (श्वास बाहर छोड़ना): 4 (रोकना) उन लोगों के लिए आदर्श है, जो तनाव अथवा चिंता ग्रस्त रहते हैं। जब आपको घबराहट होती है, तो आपकी श्वास तेज़ चलने लगती है, जो शांत रहने की प्रक्रिया के विपरीत है। श्वसन का यह अभ्यास घबराहट के समय तेज़ श्वास को रोकता है, क्योंकि आप श्वास अंदर लेने की तुलना में उसे रोकने और छोड़ने में अधिक समय लगाते हैं।

सीतली प्राणायाम

यदि सूर्य भेदन, ऊर्जावान श्वसन क्रिया है, जो शरीर को सक्रिय और गर्म करती है, तो सीतली प्राणायाम इसके विपरीत है। सीतली को शीतली भी लिखा जाता है; संस्कृत में *शीत* का अर्थ 'ठंडा' होता है।

सीतली को शीतल श्वास भी कहा जाता है। यह दिन-भर की थकान के बाद शरीर को आराम देने के लिए बहुत अच्छा अभ्यास है।

इसके नियमित अभ्यास से शरीर स्वच्छ होता है, विषाक्त पदार्थ, तनाव, अतिरिक्त गर्मी और क्रोध आदि जैसे थकाने वाले भाव दूर होते हैं।

सीतली प्राणायाम के विभिन्न चरण

1. अपनी योग चटाई पर पैरों को मोड़कर सुखासन अथवा पद्मासन में बैठें। आपका सिर और रीढ़ सीधी रेखा में होने चाहिए। हाथों को ज्ञान मुद्रा में रख सकते हैं।
2. सीतली प्राणायम के लिए पहले मुँह खोलकर तीन बार गहरी श्वास लें और नाक से श्वास छोड़ें।
3. अपनी जीभ बाहर निकालें और उसे अँग्रेज़ी अक्षर 'ण' के आकार में मोड़ लें।
4. मुड़ी हुई जीभ से श्वास अंदर लें और श्वास लेने के बाद, ठुड्डी को छाती के जितना हो सके निकट लाएँ। गले के मार्ग को अवरुद्ध करने की इस क्रिया को *जालंधर बंध* कहते हैं।

5. इसी स्थिति में अपनी श्वास को छह से आठ सेकंड तक रोककर रखें।
6. श्वास छोड़ने से पहले ठुड्डी को ऊपर उठाएँ, फिर जीभ को वापस अंदर खींचें और मुँह बंद करें। अब नाक से पूरी श्वास बाहर निकालें। इस तरह सीतली प्राणायाम का एक चक्र पूरा होता है।

सीतली प्राणायाम का अभ्यास दो या तीन मिनट या जब तक आप कर सकें, कीजिए।

आरंभ में, श्वास लेने-छोड़ने का अनुपात 4:6 होना चाहिए। कुछ दिन बाद आप इसे बढ़ाकर 4:8, 5:10 या 6:12 कर सकते हैं।

योग और प्राणायाम

प्राणायाम के अभ्यास को अधिक प्रभावी बनाने के लिए यह जानना महत्त्वपूर्ण है कि योग मुद्राओं या आसनों के माध्यम से शरीर को कैसे नियंत्रित किया जाए।

पानी की बोतल की कल्पना कीजिए। पानी प्राण है, और बोतल भौतिक शरीर है। पानी की स्थिरता, बोतल के संतुलन पर निर्भर करती है। यदि बोतल स्थिर नहीं है, तो पानी हिलने लगेगा। इसी तरह, प्राणायाम द्वारा प्राण तब तक स्थिर नहीं होगा, जब तक भौतिक शरीर स्थिर नहीं होता। आसन, शरीर को स्थिरता प्रदान करने में मदद करते हैं।

अगले अध्याय में हम आधुनिक योग और शारीरिक स्तर पर ऊर्जा प्रवाह पर इसके प्रभाव पर चर्चा करेंगे।

योग

शरीर, मन और आत्मा को एक करना

आरंभिक दिनों में, योग केवल ध्यान, श्वास और कल्पना पर केंद्रित था, यद्यपि आज यह पश्चिम में अनेक आसनों के लिए भी जाना जाता है, जो शरीर को लचीला बनाते हैं और स्फूर्ति प्रदान करते हैं, तथा ऊर्जा को शरीर में उनमुक्त रूप से प्रवाहित होने योग्य बनाते हैं।

योग का आधार हमें वेदों, पवित्र हिंदू ग्रंथों, विशेषकर उपनिषदों में मिलता है। योगाभ्यास को समर्पित ग्रंथ 800 से 500 ईसा पूर्व के बीच संस्कृत में लिखे गए थे, हालाँकि उनके स्रोत, पाँच हज़ार साल पहले उत्तर भारत में पाए जाते हैं।

योग, आज जिस रूप में है, उस रूप में यह कैसे विकसित हुआ?

पश्चिमी संस्करण

विद्वान मार्क सिंगलटन ने अपनी किताब *योग बॉडी* में बताया है कि स्कैंडिनेवियाई जिम्नास्टिक ने योग के स्वरूप को सदा के लिए बदल दिया।

उन्नीसवीं सदी के अंत में स्वीडिश और डेनिश जिमनास्टिक से यूरोपीय लोगों के व्यायाम करने के तरीक़े में क्रांति आई और यह समूचे महाद्वीप के सैन्य स्कूलों में शारीरिक प्रशिक्षण का आधार बन गया। स्कैंडिनेवियाई जिमनास्टिक का जुनून भारत भी पहुँच गया और 1920 तक, यह इस देश में व्यायाम का सबसे लोकप्रिय रूप बन चुका था।

शारीरिक उपासना एवं ध्यान परंपरा के इसी संयोजन से योग के आज प्रचलित रूप का उदय हुआ।

योग गुरु स्वामी शिवानंद के शिष्य, स्वामी विष्णुदेवानंद ने भी पश्चिम में योग का प्रसार किया। 1957 में कैलिफ़ोर्निया पहुँचकर उन्होंने अमेरिका, कैनेडा और यहाँ तक कि यूरोप और न्यू जीलैंड में आश्रम एवं योग केंद्र स्थापित किए।

उनके अनुसार, योग के पाँच बुनियादी स्तंभ हैं :

- आसन (शारीरिक मुद्राएँ)
- श्वसन अभ्यास (प्राणायाम)
- विश्राम (शवासन)
- शाकाहारी आहार
- सकारात्मक सोच और ध्यान (वेदांत एवं ध्यान)

योग का अभ्यास करते समय हमें अपना सारा ध्यान शरीर के लचीलेपन पर केंद्रित नहीं करना चाहिए। योग का असल लक्ष्य, आंतरिक संतुलन और मानसिक शांति है। संस्कृत में, 'योग' शब्द का अर्थ है, 'मिलन' या 'संबंध'; योग का लक्ष्य शरीर, मन और आत्मा को एक करना है।

एक्रोयोग

जैसा कि नाम से पता चलता है, एक्रोयोग, योग और कलाबाज़ी का मिश्रण है। इसे इक्कीसवीं सदी के आरंभ में संयुक्त राज्य अमेरिका और कैनेडा में विकसित किया गया था, हालाँकि 1938 में भारतीय योग गुरु तिरुमलाई कृष्णमाचार्य का एक छोटे लड़के के साथ एक्रोयोग करते हुए वीडियो भी उपलब्ध है।

एक्रोयोग का अभ्यास करने के लिए दो लोगों की आवश्यकता होती है। पहला व्यक्ति बेस कहलाता है और उसका कार्य दूसरे व्यक्ति, फ़्लायर के लिए आधार प्रदान करना है। फ़्लायर अत्यंत जटिल मुद्राएँ प्रदर्शित करता है जबकि बेस, उसे अपने पैरों, हाथों या दोनों से ऊपर उठाकर रखता है।

अधोमुख श्वानासन का अभ्यास

नीचे को मुँह की हुए श्वान की भाँति *अधोमुख श्वानासन*, एक मूलभूत और अत्यंत प्रचलित आसनों में से एक है।

पीठ और शरीर के सामान्य लचीलेपन जैसे अनेक लाभों के अतिरिक्त, यह सरलतम आसनों में से एक है, जिसका अभ्यास किसी भी स्तर का व्यक्ति कर सकता है।

इस आसान को कुछ मिनटों तक, सिर में अत्यधिक रक्त प्रवाह रोकने के लिए अन्य आसनों के साथ बारी-बारी करने से, आपकी

मांसपेशियों का व्यायाम होगा और रक्त चाप में सुधार होने लगेगा। आपकी रीढ़ की हड्डी में भी खिंचाव आएगा, जिससे आपके कंधों, काठ और गर्दन में दर्द कम होगा और तनाव स्तर भी कम हो जाएगा।

आइए, अधोमुख श्वानासन का अभ्यास करते हैं, हालाँकि यह सबसे सरल आसनों में से एक है, लेकिन ख़ुद को चोट पहुँचाए बिना, इसे अच्छी तरह करने के लिए थोड़ी एकाग्रता की आवश्यकता होती है :

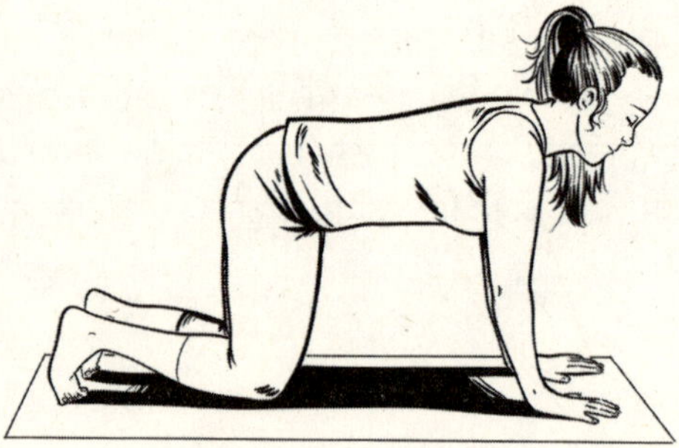

1. आरंभ करने के लिए, अपनी योग चटाई पर चारों पैरों के बल बैठ जाएँ तथा हाथों और घुटनों को ज़मीन पर टिका लें। श्वास भीतर लें।

2. कूल्हों को ऊपर उठाएँ और उन्हें तब तक पीछे खींचें, जब तक आप अँग्रेज़ी के उलटे V के आकार में न आ जाएँ। फिर श्वास बाहर छोड़ें।

3. अपने हाथों से चटाई पर दबाव डालते हुए श्वास भीतर लें और अँगुलियों को अलग रखें। आपके हाथ आपके कूल्हों और पैरों के साथ सीधी रेखा में होने चाहिए। आपको हाथों से स्वयं को मज़बूत आधार प्रदान करना है और आपका वज़न आपके हाथों और पैरों के बीच समान रूप से वितरित होना चाहिए।

4. श्वास छोड़ते हुए एड़ियों पर ध्यान केंद्रित करें। एड़ियाँ ज़मीन को छू रही होनी चाहिए, ताकि आपके पैर पूरी तरह से चटाई से लगे हों। यदि आप योगाभ्यास में नए हैं, तो इसे करना आसान नहीं होगा, इसलिए अपनी एड़ियों को थोड़ा ऊपर रखना या अपने घुटनों को थोड़ा मोड़ लेना भी ठीक रहता है। आपको धीरे-धीरे अपनी एड़ियों को चटाई के निकट लाने का प्रयास करना चाहिए। आप लयबद्ध तरीक़े से श्वास अंदर और बाहर लेते हुए तीस सेकंड तक इस स्थिति में रह सकते हैं।

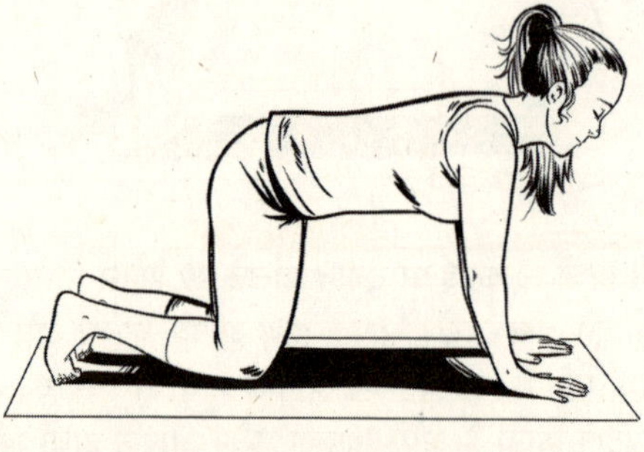

5. इसके बाद, घुटनों को मोड़ें और हाथ-पैरों के बल ज़मीन पर मूल स्थिति में वापस आ जाएँ।

6. अब आप अपनी पीठ को ऊपर की ओर मोड़कर बिल्ली जैसी मुद्रा बना सकते हैं।

7. गाय की तरह अपनी पीठ को नीचे की ओर झुकाते हुए आगे बढ़ें। फिर इस प्रक्रिया को दोहराते हुए, नीचे की ओर मुंह की हुए कुत्ते वाली मुद्रा में वापस आ जाएँ।

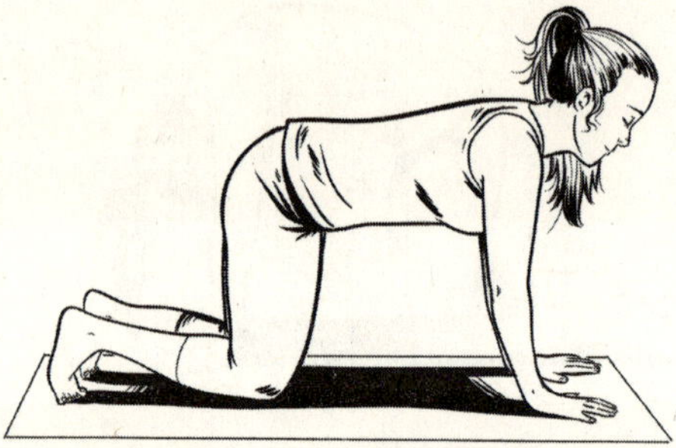

8. जब आप आवश्यकतानुसार इस आसन को कई बार दोहरा चुके हों तो आप इसे छोड़कर वापस चारों पैरों पर खड़े हो सकते हैं।

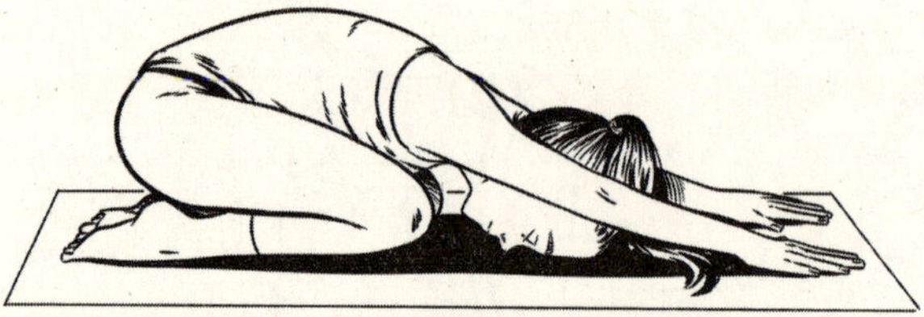

9. अंत में, अपने घुटनों के बल आगे की ओर झुकें और बालासन यानी बालक की मुद्रा में आ जाएँ। कुछ देर अपने माथे को चटाई से स्पर्श करते हुए इसी मुद्रा में रहें।

आयुर्वेद

पैतृक चिकित्सा-पद्धति

योग की तरह आयुर्वेद का विकास भी भारत में पाँच हज़ार वर्ष पहले हुआ था और इसकी भी जड़ें वैदिक ग्रंथों में हैं।

पारंपरिक भारतीय चिकित्सा की यह प्रणाली बीमारी को रोकने के लिए शरीर में ऊर्जा को संतुलित करने पर केंद्रित है। संस्कृत से अनुवादित, 'आयुर' शब्द का अर्थ है, 'जीवन' और वेद का अर्थ है, 'ज्ञान,' इसलिए *आयुर्वेद* का शाब्दिक अर्थ है, 'जीवन का ज्ञान,' अथवा 'विवेक'।

त्रिदोष

आयुर्वेद के अनुसार, प्रत्येक व्यक्ति में तीन अलग-अलग *दोष* होते हैं - जिन्हें कभी-कभी 'मनोवृत्ति' कहा जाता है - वात, कफ़ और पित्त। तीनों में से एक हमेशा बाक़ी दो की तुलना में अधिक मात्रा में मौजूद होता है।

शरीर में कौन-सा दोष अधिक प्रबल है, इसके आधार पर हमारे शरीर को सुचारू ढंग से कार्य करने के लिए अलग-अलग खाद्य पदार्थों, शारीरिक व्यायाम और यहाँ तक कि अलग तरह की मनोवैज्ञानिक

देखभाल की आवश्यकता होती है। द आर्ट ऑफ़ एजिंग ब्यूटीफुली में गुआडी रुइज़-गिमेनेज़ एगुइलर बताती हैं, ''दोष, ऊर्जा के परस्पर संबद्ध ढाँचे की तरह होते हैं। यदि आप किसी हिंदू डॉक्टर या चिकित्सक के पास जाएँगे, तो वह आपके प्रबल दोष की पहचान करेगा और उसके आधार पर आपको उचित स्वास्थ्य और आहार संबंधी दिशा-निर्देश देगा।''

आयुर्वेद के अनुसार, दोष पाँच तत्त्वों से संबंधित हैं : पृथ्वी, जल, वायु, अग्नि और आकाश।

वात, वायु और आकाश है।

कफ़, पृथ्वी और जल है।

पित्त, अग्नि और जल है।

इसके बाद, हम देखेंगे कि प्रत्येक दोष कैसा होता है, ताकि हम अपने दोषों की पहचान कर सकें और असंतुलन से बचने के लिए उनका ख़याल रखना सीख सकें। सामान्य तौर पर, वात को पतले शरीर से, पित्त को मध्यम शरीर से और कफ़ को भारी शरीर से जोड़कर देखा जाता है, लेकिन इसमें और भी कई बारीकियाँ हैं। आइए, प्रत्येक पर एक नज़र डालते हैं।

वात दोष

वायु और आकाश, ऊर्जा को गति प्रदान करते हैं और शरीर में वात, वह ऊर्जा है, जो श्वास, रक्त और शारीरिक अपशिष्ट को गति देती है।

वात दोष से युक्त लोग जिज्ञासु, बुद्धिमान और तेज़ दिमाग़ वाले होते हैं। वे सदा आगे बढ़ते रहते हैं और नई चीज़ों को आज़माना पसंद करते हैं। वे इतने रचनात्मक होते हैं कि जीवन के प्रति उनका जुनून दूसरों को प्रेरित करता है। उन्हें एक ही रास्ते पर चलने से संतोष नहीं

मिलता और वे कई काम एक साथ करना चाहते हैं और आमतौर पर सफलतापूर्वक कर भी लेते हैं।

यदि वात दोष संतुलित है, तो वे उत्साही, रचनात्मक, लचीले स्वभाव तथा पहल करने वाले होते हैं, हालाँकि वात की अधिकता अनिद्रा, चिंता और तनाव से निपटने में कठिनाई भी पैदा करती है। वात दोष से युक्त लोग, कई बार उन चीज़ों के लिए भी स्वयं को दोषी मान लेते हैं, जिनमें उनकी ग़लती नहीं होती और इसलिए उन्हें दुख होता है।

शारीरिक रूप से ऐसे लोग दुबले-पतले, छोटे क़द के और फुर्तीले होते हैं। शरीर में वात की अधिकता थकान, कमज़ोरी, उच्च रक्त चाप, कब्ज़, वज़न में गिरावट या पाचन संबंधी समस्याएँ पैदा कर सकती है।

चूँकि वात, वायु और आकाश का मिश्रण है, इसलिए इसकी अधिकता, शरीर में ऊर्जा की गति को उसी तरह बढ़ा देती है, जैसे तेज़ हवा, घर को उड़ाकर उसे नष्ट कर सकती है। निश्चित भोजन दिनचर्या तथा ध्यान आदि के अभ्यास से वात दोष को नियंत्रित किया जा सकता है।

वात आहार

हमेशा गतिशील रहने की वात प्रवृत्ति के कारण ऐसे लोग, प्रायः अपने आहार की उपेक्षा करते हैं और समय पर भोजन नहीं करते, जिससे उनका वज़न कम होने लगता और स्वास्थ्य एवं ऊर्जा असंतुलित हो जाती है।

दिन में तीन बार, सदा एक ही समय पर, पौष्टिक भोजन करना, वात की निरंतर सक्रियता को संतुलित रखने के लिए आवश्यक है। आइए, देखते हैं कि इस दोष में कौन-से खाद्य पदार्थ लाभकारी होते हैं।

अनुशंसित	अनुशंसित नहीं
स्वास्थ्यवर्धक वसा और तेल (घी, एक्स्ट्रा वर्जिन जैतून तेल)	फलियाँ
चावल, गेहूँ	टोफू
कम वसा वाले दुग्ध उत्पाद, गर्म दूध	कच्चे, सूखे या ठंडे खाद्य पदार्थ
मेवे, पकी हुई हरी सब्ज़ियाँ, गाढ़े फल जैसे केला, एवोकाडो, नारियल	कड़वे खाद्य पदार्थ
गर्म जड़ी-बूटियाँ और मसाले जैसे अजवायन, इलायची, तुलसी, अजवायन	कैफ़ीन
गरम, पका हुआ भोजन	
मीठे खाद्य पदार्थ	

वात जीवन-शैली

वात युक्त लोगों को स्वास्थ्य और तंदुरुस्ती के लिए दिनचर्या तथा संतुलित जीवनशैली का पालन करना आवश्यक है। उनके लिए ठंड से बचना भी ज़रूरी है, जिसका आशय है पर्याप्त नींद लेना, शुष्क जलवायु और एयर कंडीशनिंग से बचना।

विशेषज्ञों के अनुसार, शास्त्रीय संगीत सुनना और अत्यधिक शारीरिक श्रम से दूर रहना सहायक हो सकता है। ऐसे लोगों को घर में ह्यूमिडिफायर रखने की भी सलाह दी जाती है।

वात दोष वाले लोग जल्दी थक जाते हैं और उनका वज़न गिरने की भी संभावना बनी रहती होती है, जिसके कारण उनके लिए थका देने वाली गतिविधियाँ अनुपयुक्त होती हैं। ऐसे लोगों के लिए गोल्फ़, टेनिस, ताई ची, योग और नृत्य अच्छा माना जाता है, जिसमें समतल क्षेत्रों में हल्की सैर या साइकिल चलाना भी शामिल है।

कफ़ दोष

पृथ्वी और जल के मिश्रण से बना कफ़, मिट्टी की तरह नम्य और संसक्त होता है। शरीर में, ऊर्जा ही कोशिकाओं, हड्डियों, मांसपेशियों और वसा को परस्पर बाँधकर रखती है।

कफ़ की अधिकता शरीर की ऊर्जा पर प्रतिकूल प्रभाव डाल सकती है। गतिशीलता एवं फुर्ती को बनाए रखने के लिए कफ़ के असंतुलन को ठीक करना आवश्यक है।

कफ़ दोष वाला व्यक्ति दयालु होता है। उसे आप अपनी सब समस्याएँ बता सकते हैं, लेकिन वह अपनी समस्याओं को अपने तक ही सीमित रखता है। ऐसे लोगों के लिए अपनी भावनाओं को व्यक्त करना कठिन होता है। उनमें दूसरों की सहायता करने का जन्मजात गुण होता है और वे आजीवन मित्रता निभाते हैं।

कफ़ प्रवृति वाले लोग, प्रेम से भरे, शांत और विचारशील होते हैं। यदि वे संतुलित हों, तो वे वफ़ादार, कृतसंकल्प और मौज़-मस्ती करने वाले लोग होते हैं, हालाँकि शरीर में कफ़ की अधिकता के कारण असुरक्षा, आसक्ति और अवसाद की भावनाएँ भी पैदा हो जाती हैं।

शारीरिक रूप से, कफ़ प्रकृति वाले लोग सुडौल होते हैं और उनमें नमी-संबंधित गुण होते हैं; भावुक आँखें, स्वस्थ तैलीय त्वचा एवं केश। यदि कफ़ संतुलित हो, तो ऐसे लोगों का पाचन अच्छा होता है और उन्हें नींद भी अच्छी आती है, परंतु कफ़ की अधिकता से फेफड़े और वज़न की समस्याएँ, सर्दी, बलगम और थायरॉयड जैसी समस्याएँ भी हो सकती हैं। उन लोगों के हाथ-पैर भी ठंडे रहते हैं।

कफ़ आहार

अनुशंसित	अनुशंसित नहीं
हल्का और सूखा, गर्म भोजन	दुग्ध उत्पाद
जौ, राई, कुट्टू	सूखे मेवे
सूखे फल	बीज
फल और सब्ज़ियाँ	लाल मांस
गरम मसाले	वसायुक्त खाद्य पदार्थ
एक्स्ट्रा वर्जिन जैतून तेल, घी	

कफ़ जीवन-शैली

कफ़ प्रकृति वालों के लिए यह आवश्यक है कि वे भोजन शांतिपूर्ण ढंग से करें, जिसमें उन्हें किसी तरह का तनाव या आश्चर्य महसूस न हो और जो असंतुलन पैदा कर सकता है।

कफ़ को गति की आवश्यकता होती है, इसलिए गतिशील व्यायाम जैसे एरोबिक्स या अन्य प्रकार के कार्डियो आदि करने की सलाह दी जाती है।

यह भी महत्त्वपूर्ण है कि कफ़, मानसिक स्तर पर स्थिर नहीं होना चाहिए। इसलिए बौद्धिक स्तर पर ऐसे लोगों को मानसिक रूप से सक्रिय रखने वाली गतिविधियाँ अत्यंत लाभकारी बताई जाती हैं।

प्रत्येक व्यक्ति को, विशेषकर कफ़ दोष वालों के लिए गर्म और शुष्क वातावरण अच्छा होता है और उन्हें ठंड या गीलेपन से बचना चाहिए।

पित्त दोष

अग्नि और जल एक-दूसरे को नष्ट करके वाष्प में बदल जाते हैं, इसलिए शरीर में पित्त ऊर्जा का रूपांतरण हो जाता है। इस दोष से युक्त लोग सक्रिय होते हैं और उनका शरीर पुष्ट होता है तथा वे बहुत ऊर्जावान होते हैं। उन्हें कम, लेकिन गहरी नींद आती है।

पित्त दोष के कारण व्यक्ति भावुक होता है, बुद्धि तेज़ होती है और ऐसे लोग गहन रूप से एकाग्रचित्त होते हैं। यदि वे संतुलित रहें, तो सही निर्णय लेने में सक्षम होते हैं और अच्छे वक्ता एवं प्रभावी शिक्षक सिद्ध होते हैं। उनके अंदर नेतृत्व का गुण जन्मजात विद्यमान होता है।

हालाँकि, पित्त की अधिकता के कारण उनकी हर बात पर बहस करने की आदत प्रवृत्ति होती है और वे जल्दी चिढ़ जाते हैं। वे दूसरों को नियंत्रित करने का प्रयास करते हैं और पूर्वाग्रह से ग्रस्त हो सकते हैं।

पित्त वाले लोगों का शारीरिक आकार मध्यम होता है और मांसपेशियाँ सुडौल होती हैं। उनमें ऊष्मा से संबंधित प्रवृत्तियाँ अधिक दिखाई पड़ती हैं: गंजापन या बालों का लाल होना, उत्साह, तीव्र यौन इच्छा, शरीर में गर्म तापमान और भरपूर भूख।

यदि वे संतुलित हों, तो उनका पाचन-तंत्र बहुत अच्छा और त्वचा साफ़ रहती है। पित्त की अधिकता से सूजन, अपच, अल्सर और त्वचा पर फुंसी आदि की समस्याएँ हो सकती हैं।

मनोवैज्ञानिक स्तर पर पित्त दोष की कमी यह है कि ऐसे लोग जल्दी चिढ़ जाते हैं। भीतर की गर्मी, पित्त की अधिकता के कारण मुँहासे, तिल या झाइयाँ पैदा करती है। पित्त का असंतुलन, अनिद्रा और पाचन-संबंधी समस्याओं को भी जन्म देता है। अपने सीधे-सपाट व्यवहार के कारण, वे कई बार बात करते समय असभ्य प्रतीत हो सकते हैं।

पित्त आहार

अनुशंसित	अनुशंसित नहीं
हर्बल चाय (गुलाब, पुदीना और कैमोमाइल)	सिरका
फलियां (दाल, चना)	नमकीन मेवे
सूरजमुखी के बीज और तेल	शराब और कैफीन
ब्लूबेरी, तरबूज	सख़्त पनीर
केल, ब्रोकोली	टमाटर, लहसुन, मिर्च, प्याज
ताज़ा, मीठे और कड़वे खाद्य पदार्थ	नमकीन, अम्लीय या मसालेदार भोजन
जौ, जई	संसाधित मांस
जीरा, धनिया, सौंफ (ये पाचन तंत्र को ठंडा रखते हैं)	तला, मसालेदार भोजन
	दुग्ध उत्पाद

पित्त जीवन-शैली

पित्त की अधिकता वाले लोगों के शरीर में ऊर्जा अधिक होती है, इसलिए उसे ठंडा एवं स्थिर रखना आवश्यक है। उन्हें दिन में तीन बार खाना चाहिए और अधिक पेट भरने या गरिष्ठ नाश्ता करने से बचना चाहिए, क्योंकि इससे उनकी आंतरिक अग्नि वाले गुण और बढ़ जाते हैं।

सीतली प्राणायाम, जिसकी हमने पिछले अध्याय में चर्चा की थी, पित्त दोष के लिए विशेष रूप से लाभकारी है। इस दोष से युक्त लोगों को तैराकी, ध्यान, योग और सैर आदि से भी लाभ मिलता है। उन्हें अत्यधिक प्रतिस्पर्धात्मक खेलों तथा धूप में जाने से बचना चाहिए, क्योंकि इससे उनकी त्वचा गर्म होकर लाल हो जाती है।

हल्दी : स्वर्णिम मसाला

मार्को पोलो वर्तमान भारत की यात्रा के दौरान यहाँ पाए जाने वाले मसालों विविधता से आश्चर्यचकित रह गए थे और 1280 में उन्होंने हल्दी का वर्णन करते हुए अपनी डायरी में लिखा; "एक ऐसी सब्ज़ी है, जिसमें असली केसर के सभी गुण हैं, साथ ही उसमें गंध और रंग भी वैसा ही है, फिर भी वह असली केसर नहीं है।"

उस समय हल्दी से मिलने वाले पाउडर से पश्चिमी देश लगभग अनजान थे। आज यह पूरी दुनिया में मिलता है और लैटिन अमेरिका में इसे ग़रीबों का केसर कहा जाता है।

हल्दी, अदरक के ही परिवार का पौधा है। यह भारतीय उपमहाद्वीप के गर्म क्षेत्रों और दक्षिण-पूर्व एशिया में पाया जाता है। इसका सबसे मूल्यवान हिस्सा इसकी जड़ है, जिसे उबाल और सुखाकर उसका पाउडर बनाया जाता है।

इस बात के प्रमाण मिलते हैं कि हल्दी का प्रयोग छह हज़ार वर्ष पहले ही शुरू हो गया था और वैदिक काल के दौरान, 1500 से 500 ईसा पूर्व तक, इसका उपयोग केवल पाक सामग्री के रूप में ही नहीं, अपितु कपड़ों को रंगने तथा धार्मिक अनुष्ठानों और औषधि, श्रृंगार एवं सौंदर्य प्रसाधनों में भी किया जाता था।

हल्दी की उपचारात्मक शक्ति

हल्दी का इस्तेमाल, आयुर्वेदिक चिकित्सा के आरंभ से ही किया जाता रहा है। पारंपरिक रूप से हल्दी के इतने लाभ हैं कि प्रयोगशालाएँ, इसके गुणों को सत्यापित करने का प्रयास कर रही हैं। हल्दी के गुणों के बारे में हज़ारों वैज्ञानिक लेख भी प्रकाशित हो चुके हैं।

वैज्ञानिक इस बात की पुष्टि करने की कोशिश कर रहे हैं कि क्या हल्दी का चिकित्सीय उपयोग कब्ज़, गुर्दे की पथरी, गठिया के दर्द और अनियमित मासिक धर्म जैसी बीमारियों में लाभकारी है, हालाँकि अभी तक कोई निर्णायक निष्कर्ष नहीं निकला, लेकिन हल्दी एक शक्तिशाली एंटीऑक्सीडेंट और सूजनरोधी एजेंट है तथा बैक्टीरिया को मारने में सक्षम है।

घर पर बनी हल्दी और अदरक की चाय

घर पर इस चाय को बनाने के लिए, जिसका हम अक्सर यात्राओं में आनंद लेते हैं, आपको केवल इतना करना है कि इसकी सामग्री को एक बोतल या किसी कंटेनर में मिलाएँ और इसे फ्रिज में रख दें। एक दिन के लिए फ्रिज में रखने के बाद, यह पीने के लिए तैयार हो जाती है।

- दो चम्मच पिसी हुई हल्दी
- ताज़ा कसा हुआ अदरक (लगभग 20 ग्राम)

- एक चुटकी लाल मिर्च पाउडर
- एक चुटकी काली मिर्च
- एक चम्मच शहद
- एक नींबू का रस (या कोई अन्य खट्टा फल)
- 500 मिलीलीटर पानी

चंपीसाज

सिर की मालिश की भारतीय पद्धति

चंपी के नाम से मशहूर, जिसका हिंदी में अर्थ है, 'सिर की मालिश', चंपीसाज का प्रयोग भारत में हज़ारों सालों से चिकित्सा, आराम और ऊर्जा के सामंजस्य के लिए किया जाता रहा है। इसकी जड़ें भी आयुर्वेद में हैं और यह ऊर्जा को संतुलित करके मन, शरीर और आत्मा के बीच समन्वय लाने में मदद करता है।

चंपी तकनीक शुरू में सिर और बालों की मालिश पर केंद्रित थी, लेकिन बाद में इसमें कंधे, गर्दन और चेहरे को भी शामिल कर लिया गया। यह बदलाव 1970 के दशक के आरंभ में हुआ, जब मैनुअल थेरेपिस्ट नरेंद्र मेहता फिज़ियोथेरेपी का अध्ययन करने के लिए इंग्लैंड गए और उन्होंने इस पुश्तैनी कला का प्रसार करना शुरू किया।

अंधे आदमी के चमत्कारी हाथ

नरेंद्र मेहता एक साल की उम्र से ही अंधे थे, जिसकी वजह से उनमें स्पर्श की तीव्र अनुभूति थी। वे यूनाइटेड किंगडम में चंपीसाज के अग्रदूत थे, जहाँ उनका बहुत उत्साह से स्वागत हुआ और उन्होंने सिर की मालिश की इस भारतीय तकनीक की शुरुआत की।

उनकी मृत्यु के बाद, उनकी पत्नी कुंदन मेहता और उनके दामाद मोसेस चंडी ने लंदन में नरेंद्र द्वारा स्थापित केंद्र की ज़िम्मेदारी सँभाली, जहाँ अब दुनियाभर के छात्रों को प्रशिक्षण दिया जाता है।

माँ वाली मालिश

इस तकनीक का आरंभ, मूल रूप से माताओं द्वारा किया गया था, जो अपनी बेटियों के सिर पर बादाम, नारियल या जैतून के तेल से मालिश करती थीं, ताकि बालों को पोषण और जीवन-शक्ति मिल सके। समय के साथ यह पाया गया कि इस मालिश से बालों को पुनर्जीवित करने के अलावा भी कई अन्य लाभ हुए।

आज भी, अधिकांश भारतीय बच्चों को स्वस्थ रखने के लिए प्रतिदिन उनके सिर की मालिश की जाती है।

बाद में इस प्रथा को भारतीय नाइयों ने अपनाया, जो हमेशा अपने ग्राहकों के सिर की मालिश करते हैं। और अब यह परंपरा दुनियाभर के सैलूनों में फैल चुकी है।

यदि आपने कभी सैलून में बाल धुलवाते समय सिर की मालिश कराई हो, तो आपको पता होगा कि यह दुनिया के सबसे सुखद अहसासों में से एक है, क्योंकि यह तनाव के प्रति सबसे संवेदनशील अंगों को आराम पहुँचाता है; ऊपरी पीठ, कंधे, गर्दन, सिर और चेहरा।

परंतु यह शरीर की अन्य सभी मांसपेशियों को आराम भी पहुँचाता है। यह एक प्रकार की कपालीय रिफ़्लेक्सोलॉजी है, जिससे सुखदायक भाव उत्पन्न होता है, जो सिर से शुरू होकर फिर पूरे शरीर में फैल जाता है।

दरअसल, चंपी, खोपड़ी के दबाव बिंदुओं के माध्यम से शरीर के विभिन्न हिस्सों में उपचार प्रक्रिया को तेज़ करती है। सही जगह की मालिश, तनाव के कारण होने वाले दर्द से राहत दिला सकती है और थकान को कम करती है।

सामान्य लाभ

- मांसपेशियों को आराम देती है।
- गर्दन और कंधों की पुरानी अकड़न से राहत दिलाती है।
- लसिका तंत्र को उत्तेजित और बेहतर बनाती है।
- रक्त संचार में सुधार होता है, मस्तिष्क में अधिक ऑक्सीजन पहुँचती है।
- शरीर की गतिशीलता और जोड़ों का लचीलापन लौटाती है।
- तनाव, सिरदर्द, आँखों की थकान, कान दर्द, जबड़े का दर्द, साइनसाइटिस और संकुलन, अनिद्रा और नींद विकारों से राहत दिलाती है।

- केश वृद्धि में तेज़ी लाती है।
- विश्रांति बढ़ाती है और नींद में सुधार करती है।

मनोवैज्ञानिक लाभ

- शांति, सुकून और स्थिरता
- चिंता में कमी
- उच्च स्तर की एकाग्रता
- स्पष्ट और तेज़ दिमाग़
- मानसिक थकान, चिंता और तनाव से राहत

सूक्ष्म लाभ

- शरीर में ऊर्जा को संतुलित करती है।
- ठहरी या बँधी हुई ऊर्जा को मुक्त करती है।
- सामान्य ऊर्जा द्वारा उपचार प्रदान करती है।

सिर की मालिश कैसे करें?

सिर की मालिश करने की भारतीय प्रक्रिया सरल है। इसे कोई भी सीख सकता है। वैसे तो आप ख़ुद अपनी मालिश कर सकते हैं, किंतु अपने साथी या किसी दोस्त के साथ बारी-बारी से मालिश कराना ज़्यादा प्रभावी होता है, ताकि मालिश कराने वाला व्यक्ति पूरा आराम महसूस कर सके।

आइए, देखते हैं कि चंपी का अभ्यास कैसे किया जाता है।

1. मालिश कराने वाले व्यक्ति को आराम से बैठना चाहिए। उसके कंधे सीधे, लेकिन तनाव मुक्त रहने चाहिए।
2. अपने हाथों को गर्दन के पीछे रखें। मालिश कराने वाले व्यक्ति को आराम देते समय उन्हें वहीं रहने दें।
3. मालिश शुरू करने के लिए, खोपड़ी के अंतिम स्थान पर अँगुलियों से हल्का दबाव डालें। धीरे-से सिर को एक ओर से दूसरी ओर घुमाएँ।
4. दोनों हाथों की अँगुलियों से सिर पर दबाव बनाएँ। मालिश, खोपड़ी के निचले हिस्से से शुरू होती है और कानों के पीछे तक जाती है। हाथों को गोल घुमाते हुए सिर की मालिश करते रहें।
5. ज़्यादातर लोग मानते हैं कि आँख और कान के बाहरी कोने के बीच की जगह को कनपटी कहते हैं, लेकिन वास्तव में, इसमें कान के ऊपर माथे का हिस्सा भी शामिल होता है। इस पूरी जगह पर धीमी गति से घड़ी की दिशा में अच्छी तरह मालिश करें।
6. बालों में अँगुलियों से कंघी करें, फिर अपनी हथेलियों से सिर के निचले हिस्से से लेकर ऊपर मुकुट तक सिर को धीरे-धीरे सहलाएँ।
7. अपनी बाँह को व्यक्ति की गर्दन के दाईं ओर टिकाएँ और नीचे की ओर दबाएँ। तीन सेकंड के बाद, बाँह को रीढ़ से नीचे तब तक खिसकाएँ, जब तक कि यह दाहिने कंधे तक न पहुँच जाए।
8. बाईं ओर भी ऐसा ही करें। ऐसे मालिश से रीढ़ का तनाव दूर होता है। पहले से जमा तनाव भी कम हो जाता है।

तंत्र

पावन भेंट

प्राचीनतम ज्ञात तांत्रिक ग्रंथों की रचना, 300 से 400 ई. के बीच भारत में हिंदू और बौद्ध परंपराओं के समय पर हुई थी। ये एकता और दिव्य प्रेम पर काव्यात्मक रूपक थे, जिनमें पुरुषत्व और स्त्रीत्व के पावन मिलन पर विशेष ध्यान दिया गया था।

संस्कृत में *तंत्र* शब्द का अर्थ है, 'जाल', 'बुनाई' अथवा 'अंतर्निहित'। एक आम, किंतु ग़लत धारणा यह है कि तंत्र का संबंध उन्मुक्त यौन क्रियाओं से है, जबकि वास्तव में यह कामुकता, आध्यात्मिकता और संपूर्ण ध्यान का संयोजन है।

खजुराहो के मंदिर

खजुराहो, मध्य भारत में, मध्य प्रदेश राज्य के छतरपुर जिले में स्थित है। यह स्मारकों का एक समूह है, जिसे 1986 में यूनेस्को विश्व धरोहर स्थल घोषित किया गया था। बारहवीं शताब्दी से पहले बनाए गए पचासी मंदिरों में से, आज केवल बीस ही बचे हैं, जिनमें से अधिकांश हिंदू मंदिर हैं। जो मंदिर बचे हैं, उनमें से भी अधिकांश शिव और विष्णु को समर्पित हैं।

खजुराहो, तंत्र के अनेक जन्मस्थानों में से एक था। मंदिरों की दीवारें इसका प्रमाण हैं, उनकी कामुक प्रतिमाएँ हर साल हज़ारों पर्यटकों को आकर्षित करती हैं।

दीवार पर बनी कलाकृतियों में से 90 प्रतिशत तत्कालीन भारतीय समाज के प्रतीकात्मक मूल्यों और दैनिक जीवन को दर्शाती हैं और शेष केवल 10 प्रतिशत कामुक हैं। आज भी इस बात पर कोई सहमति नहीं है कि उनका वास्तव में अर्थ क्या है।

कुछ लोगों के लिए, वे यौन क्रियाओं द्वारा एक-दूसरे से संबंध बनाने वाले देव हैं। कुछ के लिए, वे प्रतिमाएँ तंत्र की स्तुति हैं, और वे आकृतियाँ किसी व्यक्ति विशेष का प्रतिनिधित्व नहीं करती, अपितु केवल प्रेरणा देने के लिए हैं। कई मुद्राएँ *कामसूत्र* से ली गई प्रतीत होती हैं, जो अत्यंत लोकप्रिय और भारतीय परंपरा के महत्त्वपूर्ण ग्रंथों में से एक माना जाता है।

जटिल नक़्क़ाशी से युक्त इन प्रतिमाओं में सभी प्रकार के रुझान वाले लोगों के बीच यौन कृत्य को स्पष्ट देखा जा सकता है।

प्रतिबंध-मुक्त संभोग

दसवीं शताब्दी के भारतीय समाज में, जो उस समय तक ईसाई या इस्लाम धर्म से प्रभावित नहीं हुआ था, यौन संबंधों को दैनिक जीवन की अभिव्यक्ति के रूप में देखा जाता था। आज हमें, जो प्रतिमाएँ चौंकाने वाली लगती हैं, वे उनके लिए प्रजनन से संबंधित प्राकृतिक क्रियाओं का प्रतिनिधित्व मात्र रही होंगी।

भौतिक और आध्यात्मिक को एक साथ बुनना

ग्यारहवीं और बारहवीं शताब्दी में तंत्र अपने चरम पर था और तभी यह भारत में अत्यंत लोकप्रिय हुआ। इस विचार के जवाब में कि मुक्ति केवल सांसारिक त्याग और कठोर तप द्वारा ही प्राप्त की जा सकती है, तांत्रिक योगियों ने कहा कि मानवीय पीड़ा, वियोग की ग़लत धारणा से उत्पन्न होती है और उन्होंने कामुकता का उत्सव मनाने और इसी ढंग से भौतिक उत्थान के पक्ष में तर्क दिया।

मेन्स साना इन कॉर्पोरे सानो – स्वस्थ शरीर में स्वस्थ मन का निवास – सहजता से उनका नारा हो सकता था।

तंत्र का लक्ष्य, आत्मा के स्थान से शरीर का सम्मान करते हुए कामुक अनुभव प्राप्त करना है। तांत्रिक संभोग, आध्यात्मिक के साथ भौतिक को 'बुनकर' अंतरंगता के अनुभव को सुदृढ़ करना चाहता है। हालाँकि तंत्र का अभ्यास दो लोगों द्वारा किया जाता है, लेकिन इसे अकेले भी अनुभव किया जा सकता है।

तंत्र का अभ्यास, धीरे और धैर्य के साथ किया जाता है, जिसमें लंबे सत्र होते हैं। इसमें धैर्य एक आवश्यक तत्व है। इसका उद्देश्य अपने साथी या ख़ुद के साथ एक गहन, किंतु सचेत संबंध स्थापित करना है। इसे प्राप्त करने के लिए प्राणायाम, ध्वनियाँ, क्रियाएँ, और ध्यान द्वारा यौन ऊर्जा को सक्रिय किया जाता है।

आम धारणा के विपरीत, जननांग संपर्क या यौन संभोग, तांत्रिक संभोग का हिस्सा नहीं है। वास्तव में, इसका अभ्यास करने वाले यथासंभव लंबे समय तक कामुकता और पूर्ण ध्यान का आनंद लेने के लिए संभोग को स्थगित करने का प्रयास करते हैं।

आइए, युगल तंत्र साधना के लिए तीन मूलभूत अभ्यासों पर नज़र डालते हैं :

1. **दृष्टि संपर्क**

   अपने साथी के साथ तंत्र जगत को जानने का एक अच्छा तरीक़ा, दृष्टि संपर्क को दृढ़ करना है। एक-दूसरे की आँखों में गहराई से देखना, गहरी श्वास लेना, आपको संबंध स्थापित करने में मदद करता है और साथ ही यौन ऊर्जा को उत्तेजित करता है।

   1. अपने साथी के साथ किसी ऐसे सुखद, शांतिपूर्ण स्थान पर आमने-सामने बैठें, जो आप दोनों के लिए आरामदायक हो। आप बिस्तर पर पैरों को मोड़कर बैठ सकते हैं या फिर दो कुर्सियों पर एक-दूसरे के सामने बैठ सकते हैं। आप पूरे कपड़े पहनकर भी इस व्यायाम को कर सकते हैं।
   2. अपने साथी की आँखों में सीधे देखते हुए इसे आरंभ करें और आपका साथी भी ऐसा ही करे। उनकी पुतलियों में खो जाएँ, मानो वे ही आत्मा के वास्तविक द्वार हैं।
   3. सचेत होकर धीरे-धीरे गहरा श्वास लें। नाक से श्वास लें और छोड़ें। अपनी श्वास और अपने साथी की श्वास के साथ तालमेल बैठाने का प्रयास कीजिए। इसका उद्देश्य यह है कि आप सामने वाले व्यक्ति के साथ पूरी तरह जुड़ जाएँ और आपकी श्वास एक साथ चलने लगें।

4. कुछ मिनट तक इसी तरह श्वास लेते रहें और आँखों का संपर्क बनाए रखें। साथ ही, अपने भीतर जागृत होती भावना, विशेषकर नाभि के आस-पास और उसके नीचे वाले स्थान पर, ध्यान केंद्रित करें। तंत्र के अनुसार, इसी स्थान से कुंडलिनी ऊर्जा जागृत होती है। यह ऊर्जा गर्म होती है और नाभि से धड़ की ओर ऊपर उठती है तथा शरीर के ऊपरी हिस्से को गर्मी, कामुकता और ऊर्जा से भर देती है।
5. एक बार जब आपको यह सब महसूस होने लगे, तब आप कपड़े उतारना शुरू कर सकते हैं और/या अपने साथी को इच्छानुसार स्पर्श कर सकते हैं, परंतु दृष्टि का संपर्क तथा श्वास का तालमेल बनाए रखें। अपने साथी को महसूस करें और पूरे ध्यान से उसके बारे में जानने का प्रयास करें।

इस साझा क्षण और उन सब नवीन संवेदनाओं का आनंद लें, जो इस अभ्यास से चेतना की उन्नत अवस्था में उत्पन्न होती हैं।

2. सचेत कामुकता

अगले अध्याय में हम जिस सजगता के विषय में जानेंगे, वह तंत्र साधना के लिए आवश्यक है। तांत्रिक संभोग के दौरान अपने साथी के साथ संबंध बनाने में पूरा ध्यान लगाना अनिवार्य है।

कामुकता में वृद्धि के लिए टाइमर का उपयोग करके एक अच्छा सचेत व्यायाम किया जा सकता है।

- अपने साथी को पूरी एकाग्रता से स्पर्श करने के लिए पाँच मिनट का टाइमर सेट करें। आप जो भी करें, उसे अत्यंत आश्चर्य के भाव के साथ कीजिए, आप जो देखें, उसका भरपूर आनंद लें, मानो यह पहली बार हो रहा है। अपने साथी के साथ अंतरंग होने के इस अवसर के लिए आभारी महसूस करें और उन्हें स्पर्श करते समय हर एक विवरण पर अपना ध्यान केंद्रित करें।
- पाँच मिनट के बाद, अपनी भूमिकाएँ बदल लीजिए। अब आपके साथी की बारी है कि वह आपके चेहरे, धड़, बाँहों और पैरों को स्पर्श करे और इस बीच आप अपनी आँखें खुली रखें और हर स्पर्श को सजगता के साथ महसूस करें।

इस कामुक जागरूकता अभ्यास का लक्ष्य, स्पर्श करते समय या स्पर्श किए जाने पर पूर्ण रूप से वर्तमान क्षण में मौजूद रहना है। उस वर्तमान क्षण और स्थान पर मौजूद होने से आपकी संवेदनाएँ बढ़ती हैं और यह आपके साथी को और सशक्त बनाता है, क्योंकि आप उन्हें यह संदेश देते हैं कि इस साझा पल से अधिक महत्त्वपूर्ण कुछ नहीं है।

3. धीमेपन की कला

तंत्र को अन्य बातों के अलावा, धैर्य और धीमेपन का पर्याय माना जाता है। जीवन, मंज़िल नहीं, बल्कि यात्रा

है। इसमें जल्दबाजी अथवा ख़ुद को विवश नहीं करना चाहिए। तांत्रिक संभोग का अभ्यास करने वाला युगल, यथासंभव, संभोग को विलंबित करने का प्रयास करता है और इस प्रकार, वह शांत एवं सजग रहकर कामुकता को अनुभव करता है।

- अपने साथी के साथ संभोग करते समय, अपनी क्रियाओं को धीमा और लयबद्ध रखने की कोशिश करें। कुछ और सोचे बिना अपने साथी के साथ बन रहे संबंध का आनंद लें।

आपको और आपके साथी को चाहिए कि आप दोनों समय पर नियंत्रण रखें, न कि समय आपको नियंत्रित करे। आइंस्टाइन ने बताया कि समय सापेक्ष है, और शायद तंत्र, इसे स्वयं अनुभव करने का एक अवसर है।

ध्यान

माइंडफ़ुलनेस का आरंभ

जो लोग मन की कार्यप्रणाली को समझते हैं, वे जानते हैं कि ख़ुशी वस्तुओं या बाहरी परिस्थितियों में नहीं, बल्कि हमारे आंतरिक दृष्टिकोण की स्पष्टता से मिलती है।

पूर्वाग्रह और पहले की मान्यताओं से भरा मस्तिष्क, जो अतीत की ओर पीड़ा और आक्रोश से देखता और भविष्य को लेकर भयभीत और चिंतित दिखता है, वह हमें वर्तमान में आनंद की अनुभूति नहीं करने देता।

सौभाग्य से, मनुष्य के पास ख़ुद को इस मानसिक शोरगुल से मुक्त करने का एक साधन है, जो उस दृष्टिकोण को धुँधला करने वाली अशुद्धियों को साफ़ करने का काम करता है और जिसके माध्यम से हम दुनिया को देखते हैं। और यह साधन, जिसका अभ्यास भारत में हज़ारों वर्षों से कई आध्यात्मिक परंपराओं में किया जाता रहा है, ध्यान कहलाता है।

तीन या चार दशक पहले पश्चिम में, ध्यान को बौद्ध धर्म की जापानी शाखा ज़ेन से जोड़ कर देखा जाता था, जिसके केंद्र दुनियाभर के हज़ारों शहरों में स्थित हैं। मन को शांत करने के लिए दीवार के सामने

बैठना, एक फ़ैशनपरस्त अभ्यास बन गया, जिसने जानविलेम वैन डे वेटरिंग की द एम्प्टी मिरर जैसी किताबों और जर्मन निर्देशक डोरिस डोरी की एनलाइटनमेंट गारंटीड जैसी फ़िल्मों को जन्म दिया।

हालाँकि, 1990 के दशक की शुरुआत में, ज़ेन की लोकप्रियता माइंडफुलनेस की अवधारणा से आगे निकल गई, लेकिन मूल रूप से यह वही है। यह आपके मन को दुख से मुक्त करने के लिए उसके साथ बैठने से संबंधित है।

जॉन कबाट-ज़िन का कर्म अभियान

न्यू यॉर्क के एक मूल निवासी, जॉन कबाट-ज़िन ने आणविक जीव विज्ञान में डॉक्टरेट की उपाधि प्राप्त की है। उन्हें माइंडफुलनेस को सामने लाने का श्रेय जाता है। उनके कारण, ध्यान की तकनीकें, धर्मनिरपेक्ष स्थानों और यहाँ तक कि व्यवसायों में भी लोकप्रिय हो गई हैं।

वियतनाम युद्ध का विरोध करने में अपनी युवावस्था बिता देने के बाद, उन्होंने जीवन में अपने उद्देश्य, अपने पुरुषार्थ की खोज शुरू की, जिसे उन दिनों वे अपना कर्म अभियान कहते थे। इसके लिए, उन्होंने एक बौद्ध मिशनरी फ़िलिप कपलेउ से ध्यान का प्रशिक्षण लिया, जिन्होंने एमआईटी में एक व्याख्यान दिया था और उस समय कबाट-ज़िन वहाँ छात्र के रूप में पढ़ते थे। बाद में उन्होंने थिच नहत हान और कोरियाई ज़ेन मास्टर सेउंगसाहन जैसे बौद्ध शिक्षकों के सान्निध्य में अपने ध्यान अभ्यास को और गहन किया।

कबाट-ज़िन, ध्यान के लाभ को चिकित्सा-क्षेत्र में लेकर आना चाहते थे। इसलिए उन्होंने 1979 में स्ट्रेस रिडक्शन क्लिनिक की स्थापना की। इस क्लिनिक में उन्होंने अपने आध्यात्मिक अभ्यास में जो कुछ सीखा था, उसे बौद्ध पंथ से अलग करके लागू करना आरंभ किया। यहीं उन्होंने अपना विख्यात विज्ञान पर आधारित माइंडफुलनेस-बेस्ड स्ट्रेस रिडक्शन (एमबीएसआर) कार्यक्रम तैयार किया। उन्होंने अपनी किताब फुल कैटास्ट्रोफ़ लिविंग से एक बड़ा प्रभाव पैदा किया, जिसमें उन्होंने माइंडफुलनेस के अभ्यास के बारे में विस्तार से बताया था।

कबाट-ज़िन का कर्म अभियान सार्थक हो गया था।

अब हम तीन ध्यान-पद्धतियों पर विचार करेंगे, जिनमें से दो भारतीय मूल की हैं।

कीर्तन, एक तरह का ध्यान

कीर्तन या मंत्रों का जाप, एक तरह की ध्यान-पद्धति है, जिसे ऊँची आवाज़ और लय के साथ किया जाता है। पूर्ण ध्यान के मौन अथवा ज़ेन की तपस्या से दूर, इस पद्धति में लोग वाद्ययंत्र, स्वर, तालियाँ और नृत्य आदि सब एक साथ मिला देते हैं। कीर्तन, समूह में अभ्यास करने के लिए आदर्श है, हालाँकि यह ध्यान घर पर ऑनलाइन सत्र सुनते या देखते हुए भी किया जा सकता है।

भारत के आश्रमों में मंत्रोच्चार बहुत आम है। अनुष्ठान गुरु, ध्यान का निर्देश देते हैं तथा दूसरों को आह्वान और प्रतिक्रिया में जवाब देने के लिए मंत्रोच्चार करते हैं।

कीर्तन में कुछ भी हो सकता है; संगीत की लय के साथ शरीर को हिलाना, आँखें बंद करना, रोना, हाथों से अपनी छाती थपथपाना... वास्तव में, यह सक्रिय ध्यान-पद्धति, उन्मुक्त शारीरिक अभिव्यक्ति को बढ़ावा देती है, जिससे शरीर की रुकी हुई ऊर्जा गतिमान हो जाती है और मंत्रोच्चारण का लाभ प्राप्त होता है।

ओम नमः शिवाय मंत्र का प्रयोग प्रायः कीर्तन में किया जाता है। यह हिंदू धर्म के सर्वाधिक प्रसिद्ध और शैव धर्म के सबसे महत्त्वपूर्ण मंत्रों में से एक है। इसका शाब्दिक अर्थ है, 'शिव की आराधना'।

यह ध्यान, आपको आराम नहीं देता, अपितु आपके मनोभाव एवं ऊर्जा स्तर को बढ़ाने के लिए एकदम सटीक विधि है। यूट्यूब पर कीर्तन-सत्र के साथ दिन की शुरुआत करना उत्तर विचार है, हालाँकि यह काम के बाद आपके शरीर का तनाव भी दूर कर सकता है।

कल्पना के माध्यम से ध्यान

तिब्बती बौद्ध धर्म में कल्पना का अभ्यास किया जाता है, जिसमें ध्यान करने वाले स्वयं और दूसरों की दयालु प्राणी के रूप में कल्पना करते हैं तथा करुणा एवं सद्भावना जैसे सकारात्मक गुणों को विकसित करने का प्रयास करते हैं।

सिद्धार्थ गौतम की विवेकपूर्ण तथा प्रेम-से भरी उपस्थिति पर आधारित, इस तरह के अभ्यास से आपको परिचित कराने के लिए आप ध्यानस्थ बुद्ध की मुद्रा का प्रयोग कर सकते हैं। हम आपको इसे चरणबद्ध ढंग से करके दिखाएँगे।

1. अपने पैरों को मोड़कर सुखासन अथवा यदि संभव हो, तो पद्मासन में बैठें। यदि आपको कमर दर्द रहता है, तो आप कुर्सी पर भी बैठ सकते हैं।
2. आँखें बंद करें और कल्पना करें कि बुद्ध आपके सामने हैं और उनके भीतर से सुनहरा प्रकाश निकल रहा है। यह प्रकाश गुनगुना और प्रेम से भरा है। यह प्रकाश जैसे-जैसे आप तक पहुँचता है, यह आपको करुणा, सद्गुण और स्वास्थ्य से भर रहा है। महसूस करें कि सार्वभौमिक प्रेम कैसे आपके शीर्ष, तीसरी आँख और आपके शरीर के रोम-रोम के माध्यम से आपके भीतर प्रवेश कर रहा है।
3. जब दिव्य ऊर्जा आपके भीतर प्रवाहित होती है, तो आपके शरीर में नकारात्मक ऊर्जा के लिए स्थान शेष नहीं रहता इसलिए कल्पना कीजिए कि वे काले या भूरे रंग के धुएँ के रूप में आपके शरीर से निकलकर आपके पैरों से होता हुआ धरती का हिस्सा बनता जा रहा है। धरती, उस धुएँ को अवशोषित करके रूपांतरित कर रही है।
4. इस अभ्यास को तब तक जारी रखें, जब तक आपको यह महसूस न हो कि बुद्ध के करुणामयी प्रकाश ने आपको पूर्णतः भर दिया है और भीतर की समस्त अंधकारमयी ऊर्जा शरीर से बाहर निकल गई है। यह पुनर्योजी ध्यान, आपकी संपूर्णता एवं कल्याण-भावना को प्राकृतिक ढंग से क़ायम रखता है।

स्वयं से न्यूनतम सहमति

अपनी एशिया यात्रा के दौरान, इस किताब के लेखकों ने हर रात सोने से पहले करुणा ध्यान करने की आदत बना ली।

यह उस तरह के जीवन का प्रस्थान बिंदु तय करने के लिए अत्यंत सहायक था, जिसे हम जीना चाहते हैं।

हमने शरीर और मन को शांत करने के लिए एक मोमबत्ती के प्रकाश में 'ओम मणि पद्मे हुं' मंत्र का जाप किया। जब हमें लगा कि हमारा मन शांत झील की तरह हो चुका है, तो हम लोगों में से एक ने इस इच्छा को ज़ोर से बोलकर व्यक्त किया :

''यदि मैं दूसरों को ख़ुश रखने में असक्षम हूँ, तो कम से कम मेरा कार्य उनकी ख़ुशी में बाधा न बने।''

इस न्यूनतम सहमति को रात-भर दोहराने की प्रक्रिया ने हमारे अपूर्ण जीवन में महत्त्वपूर्ण दिशासूचक का काम किया है।

ध्यान के माध्यम से शरीर का अन्वेषण

इस अध्याय की तीसरी तकनीक, प्रत्येक माइंडफुलनेस-भरे अभ्यास का एक मूलभूत पक्ष है, जिस पर हम पहले ही चर्चा कर चुके हैं। आंशिक रूप से स्क्रीन और सूचना अधिभार के कारण अलगाव की स्थिति से अपने वर्तमान में वापस आने के लिए शरीर का विश्लेषण (बॉडी स्कैन) एक बढ़िया तरीक़ा है।

इस अभास का लक्ष्य, आपके ध्यान को ख़ुद पर और शारीरिक स्तर पर आपके साथ होने वाली प्रतिक्रिया पर वापस लाना है। शरीर में अनुभव होने वाली संवेदनाओं पर ध्यान केंद्रित करना, मन को एकाग्रचित्त करने और उसे लक्ष्यहीन रूप से भटकने से रोकने का एक अच्छा तरीक़ा है। आइए, इसका अभ्यास करते हैं।

1. अपनी पीठ सीधी, कंधों को आराम देते हुए और पैरों को ज़मीन पर सीधा रखते हुए कुर्सी पर बैठें। आपके पैर घुटनों से नब्बे डिग्री के कोण पर मुड़े होने चाहिए। यह ध्यान शवासन में पीठ के बल लेटकर भी किया जा सकता है, किंतु तब आपको सावधान रहना होगा कि आप अभ्यास के दौरान सो न जाएँ।
2. धीरे-धीरे गहरी श्वास लें और अपना पूरा ध्यान अपने बाएँ पैर के पंजों पर ले जाएँ। क्या आपके पंजे सहज हैं? परस्पर दबे हुए हैं? ठंडे हैं? गर्म हैं? पसीने से भीगे हैं? सूखे हैं? पैरों की अँगुलियों को देखें, अँगुलियों से लेकर पैर के अंगूठे तक, अपने पैर के तलवे, एड़ी, टखने, पिंडली, निचले पैर, घुटने और जांघ तक, प्रत्येक अंग को एक-एक करके देखने का प्रयास करें।
3. इसी तरह अपने शरीर के दाहिने हिस्से के साथ भी इस प्रकिया को दोहराएँ।
4. जब आप श्रोणि तक पहुँच जाएँ, तो अपना ध्यान अपने कूल्हों पर केंद्रित करें, फिर अपनी नाभि के आस-पास के क्षेत्र तक जाएँ। जैसे-जैसे आप अपने शरीर के ऊपरी भाग की ओर बढ़ते हैं, अपनी मांसपेशियों को आराम दें। इससे न केवल पूर्ण ध्यान का प्रशिक्षण होगा, बल्कि आपको शारीरिक और भावनात्मक विश्राम भी मिलेगा।

5. छाती के बाद पीठ पर ध्यान केंद्रित करें, फिर बाएँ कंधे से अँगुलियों तक नीचे जाएँ, और यही क्रिया दाएँ हाथ के साथ भी दोहराएँ।
6. अंत में, गर्दन के पीछे, सिर और चेहरे की सभी मांसपेशियों पर ध्यान केंद्रित करें।

नोट : इस ध्यान के बीच में मन का भटकना सामान्य बात है। इसके लिए ख़ुद को दोषी नहीं मानना चाहिए। ऐसा होने पर अपना ध्यान प्रेमपूर्वक वापस ले आएँ और अपना अभ्यास जारी रखें। मन के भटकाव के प्रति जागरूक होना ही मन को नियंत्रित करने की दिशा में पहला क़दम है।

उपसंहार

महान आत्माएँ बादलों की तरह होती हैं

हम इस किताब को समाप्त कर रहे हैं और इस बीच, स्टीरियो पर हरिप्रसाद चौरसिया का 'राग शिवांजलि' बज रहा है। हम बहुत लंबे समय से, इन महान भारतीय बांसुरीवादक को पसंद करते आए हैं। इनका संगीत हमें किसी दूसरे ही आयाम में ले जाता है, जहाँ दैवी और मानवीय भाव, खजुराहो की प्रतिमाओं की भांति परस्पर गुँथे हुए नृत्य करते हैं।

संस्कृत में राग का मतलब 'रंग' और 'मनोदशा' होता है। इसमें कोई संदेह नहीं कि चौरसियाजी की यह शानदार रचना हमारे भीतर शांति का संचार करती है।

भारत हमेशा से हमारी कल्पना में एक मरुद्यान की तरह रहा है, जिसे पहले रुडयार्ड किपलिंग की कहानियों और बाद में महापुरुषों और गुरुओं की कथाओं ने सींचा। जब हम सचमुच यहाँ पहुँचे, तो हमें पहले से कई गुना अधिक आश्चर्य हुआ।

जब तक भारत का सार विद्यमान है, मानव जाति के लिए सांसारिक लेन-देन की दुनिया से परे एक आशा क़ायम रहेगी।

लगभग पाँचवीं शताब्दी में, धरती के इस दीप्तिमान भाग पर कालिदास हुए, जिसका अर्थ है, काली का दास। देवी काली को सृजन, परिवर्तन, विनाश, मृत्यु और काल की देवी माना जाता है।

हम किताब को लेखक की एक पंक्ति से समाप्त करना चाहेंगे, जिसने हमेशा ही हमें आकर्षित किया है; "महान आत्माएँ बादलों की तरह होती हैं : वे बरसने के लिए ही एकत्रित होती हैं।"

आध्यात्मिकता के उद्गम स्थल, भारत का यह कितना सुंदर चित्रण है! भविष्य की ओर देखते हुए, हम यह आशा करते हैं कि भारत का समय-परीक्षित सुख एवं शांति का मार्ग, आपको हर दिन प्रेरित करता रहेगा।

आनंद के दस भारतीय नियम

अलविदा कहने से पहले, आइए, हम स्मृति के तौर पर अपने साथ दस नियम ले जाएँ, ताकि हम सदियों पुराने उस ज्ञान को याद रख सकें, जो हमें इस किताब के माध्यम से सीखने को मिला है।

1. **चार पुरुषार्थों के अनुसार जीवन जिएँ।** जब कभी संदेह हो, परेशानी हो या जब आप स्वयं को खोया हुआ महसूस करें, तो इन चार पुरुषार्थों अर्थात् मानव-जीवन के लक्ष्यों के दृष्टिकोण से अपनी जीवनशैली की समीक्षा करें : क्या आप बिना कोई पुरस्कार की उम्मीद रखे, अपनों के लिए सही कार्य कर रहे हैं (धर्म)? क्या आप समय का आनंद ले रहे हैं और दुनिया के सौंदर्य की प्रशंसा कर रहे हैं (काम)? क्या आप धन और समृद्धि उत्पन्न कर पा रहे हैं (अर्थ)? क्या आप ख़ुद को और अधिक जान रहे हैं और आत्म-ज्ञान की दिशा में काम कर रहे हैं (मोक्ष)?
2. **उनसे सीखिए, जिन्हें पता है।** वह कोई शिक्षक, गुरु, किताब या कोई भी ऐसी चीज़ हो सकती है, जो आपको प्रेरित करती हो और आपको बेहतर बनाती हो। मनुष्यता

का आरंभ तो हो सकता है, परंतु उसका कोई अंत नहीं है। आपका क्षितिज वहीं है, जहाँ आपकी दृष्टि स्थिर होती है।

3. **आपको जो नहीं चाहिए, उसका त्याग कर दीजिए।** साधुओं के उदाहरण से सीखिए। कम सामान के साथ यात्रा करने का साहस करें, क्योंकि खोने योग्य कुछ महत्त्वपूर्ण है ही नहीं। आप जहाँ जाते हैं, स्वयं के साथ होते हैं। आपको इससे अधिक और क्या चाहिए?
4. **अपना निजी आश्रम स्थापित करें।** आपकी जीवन परियोजना को एक निजी समुदाय का घेरा चाहिए, जो आपको और सशक्त बनाए, विशेषकर उस समय जब कठिन समय आता है और आशा कम होने लगती है। अपने सह-यात्रियों का चयन ध्यान से करें।
5. **जागरूकता के साथ जिएँ।** आप जो भी कर रहे हैं उसे, चाहे ध्यान, योग या प्रवाह के माध्यम से, पूरी तरह से जियें। विकर्षणों से दूर रहें। किसी ऐसी चीज़ के साथ मौजूद होने का साहस करें, जिसके भीतर समूचा ब्रह्मांड समाहित है।
6. **ख़ुद को जानें।** अक्षीय युग के यूनानियों और हर युग में भारत के प्रबुद्ध लोगों ने यही कहा है। मैं कौन हूँ? रमण महर्षि ने अपने शिष्यों को चौथे पुरुषार्थ (मोक्ष) को प्राप्त करने के लिए ख़ुद से यही प्रश्न करने को कहा। क्या आपमें इतना साहस है कि आप ख़ुद को जान पाएँ?
7. **दुष्चक्रों का अंत करें।** प्रथम पुरुषार्थ (धर्म) का पालन करने से आप अपनी उन गलतियों को दोहराना छोड़

सकते हैं, जो आपको जीवन में पीछे धकेलती हैं। वही करें, जो सही है। ख़ुद के अलावा पूरे संसार के साथ उदार रहें तो आपके अच्छे कर्म आपके जीवन को प्रकाश से भर देंगे।

8. **श्वास लेते रहें!** आपकी ऊर्जा, आपकी शांति और आनंद-प्राप्ति के लिए आपको मिला समय आपके फेफड़ों में प्रवेश करने और बाहर निकलने वाली वायु पर निर्भर करता है। प्राणायाम का अभ्यास करें। आपका जीवन सचमुच इसी पर निर्भर करता है!
9. **शरीर, मन और आत्मा का पोषण करें।** ये सब एक-दूसरे से जुड़े हुए हैं, इसलिए इनमें से किसी की भी उपेक्षा नहीं करनी चाहिए। स्वयं को आयुर्वेद से पोषित करें, तंत्र और योग का अभ्यास करें, मन को शांत रखें और स्वर्ग की राह पर आगे बढ़ते रहें।
10. **वर्तमान में जिएँ।** हम अपना 80 प्रतिशत समय, अतीत और भविष्य के बारे में सोचते हुए बिता देते हैं। अपनी ऊर्जा, वर्तमान में लगाएँ, क्योंकि ख़ुशियाँ वहीं रहती हैं।

आइए, असंभव पर विश्वास करना शुरू करें और अपने जीवन को ऐसा उद्यान बनाएँ, जहाँ हम सबका व्यक्तित्व सर्वश्रेष्ठ ढंग से फल-फूल सके।

आपके लिए हमारी ओर से आनंद की शुभकामनाएँ। इस यात्रा में हमारे साथ शामिल होने के लिए धन्यवाद।

– हेक्टर गार्सिया और फ्रान्सेस्क मिरालेस

आभार

स्पेन में इस किताब की मूल प्रकाशक, मार्ता सेविया और उरानो परिवार को, इस ख़ूबसूरत साहसिक यात्रा में हमारे साथ चलने के लिए धन्यवाद।

हमारी एजेंट सैंड्रा ब्रुना को शुक्रिया, जिन्होंने हमारे कार्य को पैंसठ से अधिक भाषाओं में पहुँचाया है।

काम के प्रति आपके जुनून और हमारी देख-रेख के लिए दुनिया-भर के प्रकाशकों को धन्यवाद।

योशियाकी का आभार, जिन्होंने हमें जापान के ओगिमी नामक 'दीर्घायु गाँव' की यात्रा करने के लिए प्रोत्साहित किया, क्योंकि तब से लेकर अब तक हमने जो कुछ भी किया, उसका जन्म वहीं से हुआ है।

दुनिया-भर के हमारे पाठकों को धन्यवाद, और भारत के पाठकों का विशेष आभार। पिछले कुछ वर्षों में हमें आपसे इतना स्नेह मिला है कि हम यह नई किताब आपको समर्पित करना चाहते हैं।

उन सभी का आभार, जो अपने जुनून को पोषित करते हैं और अपने आंतरिक और बाहरी स्वास्थ्य के साथ दूसरों के स्वास्थ्य की भी परवाह करते हैं।

आप सभी को धन्यवाद!

अनुवादक-परिचय

आशुतोष गर्ग : एमए (हिंदी), स्नातकोत्तर डिप्लोमा (पत्रकारिता, अनुवाद), एमबीए। लेखक एवं अनुवादक। अँग्रेज़ी-हिंदी दोनों पर समान अधिकार। पौराणिक-आध्यात्मिक विषयों पर नियमित लेखन। अनेक प्रतिष्ठित साहित्यिक मंचों पर बतौर वक्ता आमंत्रित।

प्रकाशित कृतियाँ:

अनुवाद (33); उपन्यास (05) - अश्वत्थामा, इंद्र, कल्कि, कुबेर, 4 सिंगल मदर्स; शब्द-प्रयोग कोश (02), सूक्ति संग्रह (01), पहेली-किताब (01)। आशुतोष के कुछ उपन्यासों का क्षेत्रीय भाषाओं में भी अनुवाद हो रहा है।

सम्मान:

(1) 2022 में 'द लास्ट गर्ल' किताब के लिए 'अमर उजाला शब्द सम्मान'।
(2) 2016 में तत्कालीन राष्ट्रपति डॉ. प्रणब मुखर्जी द्वारा 'राष्ट्रपति पुरस्कार'।

संप्रति: रेल मंत्रालय में वरिष्ठ पदाधिकारी।

संपर्क: ashutoshgarg343@gmail.com